AF536264

Korbinian Aigner

Ein bayerischer Pfarrer zwischen Kirche, Obstgarten und Konzentrationslager

Peter J. Brenner

Korbinian Aigner

Ein bayerischer Pfarrer zwischen Kirche, Obstgarten und Konzentrationslager

Impressum

Herausgeber	Technische Universität München
Autor	Peter J. Brenner
Gesamtherstellung	BAUER-VERLAG Thalhofen | www.verlag-bauer.de
ISBN	978-3-95551-017-6
	2. durchgesehene Auflage 2017
Layout	angelabauer.design | www.abauer-design.de
Umschlag	Nils Enders-Brenner, neb-design, München

Vorwort
von Wolfgang A. Herrmann
Präsident der Technischen Universität München

Seit seine Bilder bei der dOCUMENTA (13) im Jahre 2012 ausgestellt wurden, ist Korbinian Aigner zur Berühmtheit geworden. Als er vor 50 Jahren, am 5. Oktober 1966, in seiner Pfarrgemeinde Hohenbercha bei Freising starb, war an Ruhm nicht zu denken. Korbinian Aigner war ein einfacher Landpfarrer, der fest in seiner bayerischen Heimat verwurzelt war. An den vielen Orten seiner Priesterlaufbahn, die ihn vom Studienort Freising bis zu seiner letzten Pfarrgemeinde in Hohenbercha führte, hat er bleibende Spuren hinterlassen als Seelsorger, vor allem aber als „Pomologe", als unermüdlicher Praktiker und Förderer des Obstbaus.

Seit seiner Jugendzeit in Hohenpolding (Landkreis Erding), wo er erstmals einen Obstbauverein gründete, hat ihn diese Leidenschaft nie mehr losgelassen. An jeder Station seiner Priesterlaufbahn hat er sich intensiv und stets erfolgreich der Förderung des Obstbaus gewidmet – nicht immer zur Freude seiner kirchlichen Vorgesetzten. Regelmäßig finden sich in seinen dienstlichen Beurteilungen die Hinweise, dass er sich mehr der Pomologie als der Theologie widme. Aus der Sicht seiner Vorgesetzten war das sicher nicht ganz falsch, aber für Korbinian Aigner schloss das eine das andere nicht aus. Für ihn spiegelte sich im Obstbau der Plan der göttlichen Schöpfung und er scheute keine Mühen, diese Sicht der Welt in seinen Pfarrgemeinden und besonders unter seinen Schülern zu verbreiten.

Als Pomologe genoss er in den Jahrzehnten seines Wirkens höchste Anerkennung. Er war berühmt als profunder Kenner jeder Apfel- und Birnensorte, die in Deutschland greifbar war in einer Zeit, in der sich das Obstsortiment noch nicht auf ein Dutzend Sorten reduziert hatte, sondern Hunderte und Aberhunderte lokaler Sorten mit besonderen Eigenschaften zu finden waren. Korbinian Aigner war auch ein großer Organisator: Er gründete Obstvereine, leitete Bezirksverbände und war unmittelbar nach dem Krieg, von 1945 bis 1950, auch Vorsitzender des Bayerischen Landesverbandes für Obst- und Gartenbau.

Als Pomologe ist Korbinian Aigner in Bayern eine Größe, die bis heute in Fachkreisen anerkannt wird. Was aber bei seinem Tod kaum jemand wusste, ist Jahrzehnte später immer mehr in den Blickpunkt der öffentlichen Aufmerksamkeit geraten: Korbinian Aigner war ein begnadeter Naturmaler. Bei seinem Tod hinterließ er der Technischen Hochschule München eine unschätzbare Sammlung, von deren Existenz zuvor kaum jemand etwas gewusst hatte. Über Jahrzehnte hinweg, wahrscheinlich schon seit seiner Schulzeit in München, bis zu seinem Tod hat er naturgetreue Bilder von allen ihm zugänglichen Apfel- und Birnensorten gemalt.

In diesem Sinne wurden die Bilder auch nach Korbinian Aigners Tod weiter verwendet. Ein großes Standardwerk des Obstbaus, Willi Vottelers „Verzeichnis der Apfel- und Birnensorten", verwendet sie als Anschauungsgrundlage für die pomologisch exakte

Beschreibung der abgebildeten Früchte. Darum ging es Korbinian Aigner in erster Linie, und in diesem Sinne wollte er die Bilder verwendet wissen, als er sie der TH München (heute TUM) vermachte. In diesem Geiste hat der damalige Inhaber des Lehrstuhls für Obstbau, Prof. Günther Liebster, den Nachlass entgegengenommen.

Diese Bilder gehören heute zu den wichtigsten und wertvollsten Beständen im TUM. Archiv. Überliefert sind uns 601 Apfel- und 275 Birnenbilder; ursprünglich waren es wohl sehr viel mehr. Dass Korbinian Aigner seine Bilder bewusst der akademischen Nachwelt anvertraute, hat seinen Grund. Es ging ihm nämlich darum, das in diesen Bildern gespeicherte pomologische Wissen zu erhalten und weiterzugeben. Als er 1966 starb, war abzusehen, dass der Obstbau in Deutschland und Europa eine neue Entwicklung nehmen würde. Die enorme Sortenvielfalt, die er in seinen Bildern dokumentiert hatte, wurde seit den 1950er Jahren radikal auf wenige marktgängige Sorten reduziert. Für die „kleinen", unwirtschaftlichen Sorten interessierten sich gerade noch die privaten Obstbauer.

Korbinian Aigner verband mit seinen Bildern eine klare Absicht: Sie dienten der Unterrichtung. Er verwendete sie offensichtlich schon um 1910, in seiner Zeit als Obstvereinsvorsitzender in Hohenpolding, um die Bauern über die Möglichkeiten und Eigenheiten der verschiedenen Obstsorten zu unterweisen.

Es ist aber anders gekommen. Lange nach Korbinian Aigners Tod entfalteten die Bilder eine eigene Nachwirkung, weitgehend abgelöst von den Absichten ihres Urhebers. Dass es die Bilder gab, war in pomologischen Kreisen bekannt, Aufmerksamkeit haben sie jedoch kaum gefunden. Gelegentlich wurde aus verschiedenen Anlässen an den „Apfelpfarrer" Korbinian Aigner erinnert, aber diese Erinnerungen blieben auf den regionalen Raum und Freunde der Pomologie beschränkt. 1992 gab es dann eine größere Ausstellung der Bilder im Münchner Rathaus, welche die Öffentlichkeit erstmals aufhorchen ließ. 2012 wurden die Bilder bei der dOCUMENTA (13) gezeigt. Seitdem wurden sie buchstäblich weltberühmt. Das TUM.Archiv erreichen Anfragen um Leihgaben und Abdruckrechte aus der ganzen Welt; zuletzt wurden Aigner-Bilder in Warschau und in New York gezeigt. Sie werden längst nicht mehr als pomologische Unterrichtswerke, sondern als Kunstwerke, gar als Beispiele von „Konzeptkunst“, betrachtet. Ob das ein angemessener Zugang zu Aigners Bildern ist, kann dahingestellt bleiben.

Seine Absicht war es gewiss nicht, „Konzeptkunst“ zu schaffen, vielmehr wollte er Lehrmaterialien anbieten. Aber unverkennbar haben die Bilder einen „ästhetischen Überschuss“, der über ihre lehrhafte Komponente hinausreicht. Korbinian Aigner war ein ungeschulter, aber hochbegabter Maler, dem es gelang, Objekte der Natur in minuziöser Sorgfalt zu zeichnen. Dabei stand er eher in der Tradition Albrecht Dürers, und ganz gewiss nicht in der Tradition der künstlerischen Moderne eines Cézanne oder gar der „Konzeptkunst“.

Aber Korbinian Aigner war nicht nur der „Apfelpfarrer“, als den er sich ohnehin nur ungern bezeichnen ließ. Er war zugleich ein Geistlicher, der seine seelsorgerischen Pflichten aufs Engste mit seinen obstkundlichen Interessen verband. Vor allem der Jugend versuchte er nahezubringen, dass sich im Obstbau als der „Poesie der Landwirtschaft“, wie er gerne sagte, auch ein Schöpfungsplan ablesen ließ.

Und schließlich war Korbinian Aigner ein scharfsinniger, kritisch beobachtender Zeitzeuge, der früher als die meisten schon in den 1920er Jahren erkannte, worauf der „Siegeszug“ des Nationalsozialismus hinauslief. Auch nach der Machtergreifung der Nationalsozialisten scheute er das offene Wort von der Kanzel herab nicht. 1939 wurde er wegen seiner regimekritischen Äußerungen denunziert, später verhaftet und zu sieben Monaten Gefängnis verurteilt – denen fünf Jahre Haft im Konzentrationslager folgten, zunächst in Sachsenhausen und ab Oktober 1941 in Dachau. Nach seiner Flucht im April 1945 aus dem Todesmarsch am Starnberger See kehrte er zurück in seine Pfarrgemeinde Hohenbercha, wo er am 5. Oktober 1966 im Alter von 81 Jahren starb – hoch angesehen nicht nur in seiner Gemeinde, Träger des Bayerischen Verdienstordens und des Bundesverdienstkreuzes und weithin anerkannter Obstexperte. Die Apfelsorten KZ-1 bis KZ-4, wie er sie selbst nannte, hatte er als Schösslinge zwischen den Baracken des Konzentrationslagers Dachau gezüchtet. KZ-3 ist heute als „Korbiniansapfel“ bekannt, als wohlschmeckender, lagerungsfähiger Apfel.

Die TU München hat das Vermächtnis seiner Bilder dankbar angenommen. Sie sieht sich in der Pflicht, dieses Erbe zu pflegen und die Erinnerung an Korbinian Aigner wachzuhalten. Das hier vorliegende Buch, dessen Drucklegung vom Bund der Freunde der TU München gefördert wurde, ist eine erste zusammenfassende und aus den Quellen erarbeitete Würdigung von Leben und Werk Korbinian Aigners. Mit diesem Buch über Korbinian Aigner und der Ausstellung zu seinem 50. Todestag am 5. Oktober 2016 erinnern wir an einen bayerischen Pfarrer, der seine pomologische Leidenschaft und sein seelsorgerisches Amt zusammenfasste zu einem „Dienst an der Schöpfung". Damit wird auch an die Beharrlichkeit und Unerschrockenheit erinnert, mit der er sich als ein Mann Gottes dem nationalsozialistischen Terror entgegengestellt hat.

In Weihenstephan hat die Obstbauforschung eine lange Tradition. Sie begann im Jahre 1804, als die „Kurfürstliche Centralbaumschule" von Landshut hierher verlegt wurde. An der TH München begann die wissenschaftliche Obstbauforschung im Jahre 1953 mit der Besetzung des ersten Lehrstuhls für Obstbau durch Professor Günther Liebster, der das Institut für Obstbauforschung aufbaute und eine praxisnahe Forschung etablierte. Ihm folgte Prof. Walter Feucht, der diese Ausrichtung der Obstbauforschung weiterentwickelte. Seit 1999 wurde das Fachgebiet Obstbau von Prof. Dieter Treutter vertreten. Er brachte dem Bildbestand Korbinian Aigners großes Interesse entgegen und übergab ihn an das Archiv der TU München, wodurch die dauerhafte konservatorische und archivarische Pflege des Bestands gesichert wurde. Zugleich wurde dem Wunsch Dieter Treutters nach einer „öffentlichen Wahrnehmung der Bilder" entsprochen. Er hatte sich bereit erklärt, anlässlich der Aigner-Ausstellung im Herbst 2016 einen Vortrag über die Geschichte der Obstbauforschung zu halten. Dazu ist es nicht mehr gekommen. Dieter Treutter starb, viel zu früh, am 7. Mai 2016.

Die Obstbauforschung geht heute andere Wege als die Pomologen, zu denen Korbinian Aigner gehörte. Ein großer Teil der Forschung findet heute in Labors und vor Computerbildschirmen statt. Die naturwissenschaftliche Komponente muss zwangsläufig auf diesem Weg zu einer immer weiter gehenden Abstraktion fortschreiten. Die Bilder Korbinian Aigners mahnen aber, dass die Anschauung der lebendigen Natur in ihrer Buntheit und Mannigfaltigkeit die Grundlage der Naturwissenschaft ist. In seiner Heimatregion kam der „Apfelpfarrer" im Korbinian-Aigner-Gymnasium Erding (2010) zu später Anerkennung.

Professor Peter J. Brenner kommt das Verdienst zu, den Priester und Pomologen Korbinian Aigner im vorliegenden Buch erstmals so umfassend wie facettenreich für die Nachwelt beschrieben zu haben.

Der Priesterzögling: Lehrjahre

Hohenpolding (2016) mit Kirche Mariä Heimsuchung. Links die Scheune des Poldingerhofes, die nach dem Brand von 1914 errichtet wurde

Korbinian Aigner war ein Bauernsohn aus dem oberbayerischen Dorf Hohenpolding. Hier wurde er am 11. Mai 1885 auf dem „Poldingerhof" geboren, als das erste von elf Kindern des Großbauern Korbinian Aigner und seiner Frau Walburga, geborene Huber. Getauft wurde er wie sein Vater auf den Namen „Korbinian", das ist der Patron des Erzbistums München und Freising, benannt nach dem heiligen Korbinian, dem ersten Bischof der Diözese. Der Name war sehr häufig in der Region; das zeigt ihre katholische Prägung und die Bindung an die kirchlichen Institutionen.

Aigners Geburtsort Hohenpolding liegt im Nordosten des Amtsbezirks – und heutigen Landkreises – Erding, nur wenige Kilometer südlich vom niederbayerischen Landshut entfernt. Es ist eine kleine Gemeinde mit damals 1200 Einwohnern. Im Norden des Ortes steht die katholische Pfarrkirche Mariä Heimsuchung, eine ehemalige Wallfahrtskirche, die 1752 von Johann Baptist Lethner errichtet wurde. Wenige Meter bergauf liegt der Poldingerhof, und die Volksschule, die Korbinian Aigner besuchte, ist wiederum nur einige Schritte entfernt.

Poldingerhof, auf einer Photographie von 1910

Diese soziale und regionale Herkunft aus der Großfamilie eines oberbayerischen Bauernhofes hat den Lebensweg Korbinian Aigners geprägt. Abgesehen von seiner Verschleppung ins KZ Sachsenhausen nördlich von Berlin im Jahre 1940 hat er seine nähere Heimat nicht verlassen. Die vielen Stationen seines beruflichen Lebens als Geistlicher haben ihn nie weiter als in einem Radius von rund 100 Kilometern westlich seines Geburtsortes geführt.

Der Berufsweg wurde früh entschieden. Nach der örtlichen Überlieferung soll Korbinian Aigner den frühen Entschluss, Pfarrer zu werden und damit auf das Hoferbe zu verzichten, eigenständig und gegen den Willen der Eltern und sogar des Ortspfarrers gefasst haben.[1] Dass der älteste Sohn eines reichen Bauern das Hoferbe ausschlug, um Pfarrer zu werden, ist sicher selten vorgekommen. Keineswegs ungewöhnlich war es andererseits, dass der Sohn einer kinderreichen Bauernfamilie eine Priesterlaufbahn einschlug. Denn der katholische Klerus entstammte im 19. und bis weit ins 20. Jahrhundert hinein einfachen sozialen Verhältnissen. Er rekrutierte sich aus Bauern-, Handwerker- oder sonstigen Kleinbürgerfamilien vor allem aus ländlichen Regionen,[2] und eine „kinderreiche Herkunftsfamilie begünstigte zweifellos die Berufung in den Priester- und Ordensstand".[3]

Die Familie Aigner, etwa im Jahre 1905. Korbinian (hintere Reihe, 3. v. rechts) mit Geschwistern, Eltern und Großmutter

Der Weg zum katholischen Priesteramt hatte seine eigenen Gesetze, denen auch die weitere Laufbahn Korbinian Aigners folgte. In der Regel begann er mit der Empfehlung eines begabten Dorfschuljungen durch den Lehrer oder örtlichen Pfarrer, vielleicht noch unterstützt durch Privatunterricht in der lateinischen Sprache, der den Einstieg ins Gymnasium erleichterte. Die alten Sprachen bildeten den Kern des gymnasialen Lehrplans, bevor sich das Realgymnasium mit seiner Konzentration auf die modernen Fächer von dieser alten Tradition ablöste. Latein und Griechisch zu lernen war also die größte Herausforderung für die jungen Gymnasiasten, aber eine Herausforderung, die für alle gleich war und für deren Bewältigung allein Fleiß und Disziplin erforderlich waren. Der Zuspruch durch Pfarrer und Lehrer, deren erzieherische, manchmal auch die finanzielle Unterstützung, eine kirchenfreundliche Umgebung und nicht selten ein deutlicher sozialer Druck waren die Faktoren, welche die Entscheidung für den Priesterberuf beeinflussten.[4]

Der Poldingerhof im Jahre 2016

Von Aigner sind keine direkten Zeugnisse überliefert, die Auskunft über seine Berufsentscheidung geben. Aber sie folgt sicher dem charakteristischen Muster, das aus autobiographischen Berichten anderer katholischer Priester bekannt ist. So erinnert sich Erhard Huber, der zwanzig Jahre jünger als Aigner war: „Es waren nun wohl nicht wenige Tage, an denen ich die Mutter drängte: ‚Mutter, sag es doch dem Herrn Pfarrer, daß ich studieren und Priester werden möchte.' Die Antwort der Mutter wußte ich bald auswendig: ‚Bub, das geht nicht! Studieren kostet Geld. Wir sind arme Leute. Wir haben keinen Vater mehr, der etwas verdienen könnte.' Eines Tages sagte sie: ‚Dann sag es dem Herrn Pfarrer doch selbst, wenn du es dir so einbildest.'"[5] Ähnlich wird es auch in der Familie Aigner gewesen sein.

Der Entschluss zum Priesterberuf führte Korbinian Aigner nach dem Besuch der Volksschule von 1891 bis 1896 in Hohenpolding auf das Königlich Humanistische Gymnasium im 40 Kilometer entfernten Freising. Das Gymnasium auf dem Domberg war 1828 wiedergegründet worden; es kann seine Ursprünge bis etwa ins Jahr 740 zurückverfolgen und ist damit eine der ältesten Schulen Deutschlands.[6] Zugleich besuchte Korbinian Aigner das „Knabenseminar" in Freising, das als kirchliche Einrichtung dem staatlichen Gymnasium zugeordnet war. Der Eintritt in das „Knaben-" oder „kleine Seminar" war ein erster, noch nicht endgültiger Schritt auf dem Weg zur Priesterausbildung.[7] Aber auch wenn damit noch keine formelle Festlegung des weiteren Berufswegs verbunden war, so galten doch bereits die Regeln, die später im eigentlichen Priesterseminar verbindlich sein würden. Die Einübung in klerikale Lebensformen setzte damit schon bei den Zehnjährigen ein.

Die Knabenseminare waren Einrichtungen der Diözese und dienten der Förderung des Priesternachwuchses. In der Diözese München und Freising gab es neben dem Seminar in Freising noch das in Scheyern, an dem Korbinian Aigner später selbst unterrichten sollte; 1929 kam ein drittes in Traunstein hinzu, das Joseph Ratzinger besuchte. In seinen Erinnerungen berichtet der nachmalige Papst, der eine Generation jünger als Korbinian Aigner ist, über seinen Weg zur Priesterlaufbahn: „Für mich hatte sich inzwischen eine recht einschneidende Änderung in meinem Leben ergeben. Zwei Jahre lang war ich mit großer Freude Tag um Tag von zu Hause in die Schule gegangen, aber nun drängte der Pfarrer darauf, ich müsse ins Knabenseminar eintreten, um wirklich systematisch ins

Der Domberg in Freising, Aufnahme von etwa 1930

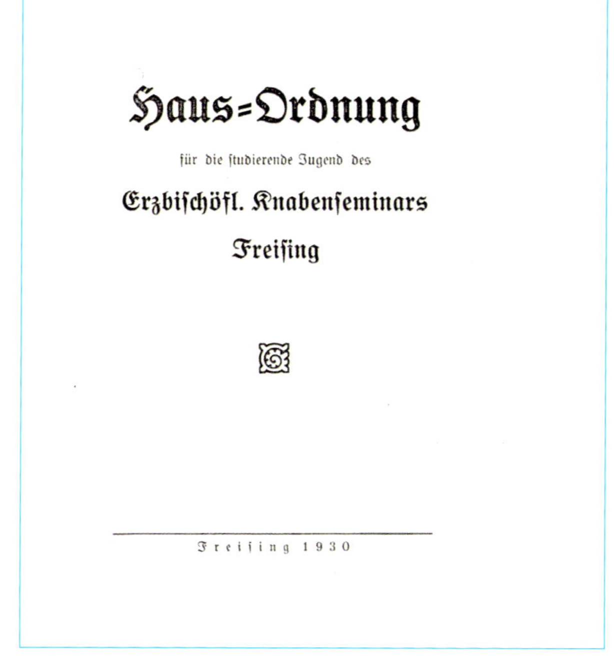

Haus-Ordnung

für die studierende Jugend des

Erzbischöfl. Knabenseminars

Freising

Freising 1930

Hausordnung des Freisinger Knabenseminars

geistliche Leben eingeführt zu werden. Für meinen Vater, dessen Pension reichlich karg bemessen war, war dies ein großes Opfer."[8] Ratzinger besuchte mit Traunstein das jüngste der drei Knabenseminare in der Erzdiözese München und Freising.

Das Freisinger Knabenseminar hatte hingegen schon eine gewisse Tradition. Es war als das erste des Bistums 1826 eingeweiht worden. Der Besuch des Knabenseminars bereitete die Zöglinge auf ein priesterliches Leben vor. Die Knabenseminare „förderten gezielt Kinder aus sozial schwachen Familien und ländlichen Gegenden, soweit diese eine ausreichende Begabung erkennen und auf eine Berufung hoffen ließen."[9] Umsonst war der Besuch nicht, wie die autobiographischen Berichte andeuten. Die Zöglinge mussten ein Kostgeld zahlen; allerdings bestand die Möglichkeit, durch Stipendien teilweise oder ganz davon befreit zu werden. Tatsächlich zahlte wohl nur ein Viertel der Zöglinge die volle Gebühr.

6

Tages-Ordnung:

I. Winterordnung. Sept. bis Mai.

5^{30} Aufstehen
5^{50} Abruf im Museum
5^{55} Gemeinsames Morgengebet in der Hauskapelle
6—7^{00} Morgenstudium
ca. 6^{50} Kommunionausteilung
7^{00} Hl. Messe
7^{30} Frühstück und Freizeit
7^{50} Aufstellung zum Gang in die Klasse
8—11^{00} Klassenunterricht
10^{45}—11^{15} Freizeit für die im Haus Befindlichen
11^{15}—11^{45} Studium
11^{45}—11^{55} Adoration, für alle im Seminar Anwesenden
12^{00} Mittagstisch
12^{35}—1^{10} Freizeit, welche im Garten, im Hof, auf den Wandelgängen, nicht im Studiersaal zuzubringen ist
1^{15}—1^{50} Studium
2^{00}—3^{45} Klassenunterricht
3^{45}—4^{45} Freizeit
4^{45}—7^{00} Libera occupatio und Abendstudium

Mittwoch und Samstag

bis 2^{00} Freizeit oder Nebenstunden
2—3^{00} Studium
3^{10} Spaziergang. Freizeit bis 5 Uhr
7^{00}—7^{35} Abendtisch
7^{35}—8^{15} Freizeit: (Garten, Lichthof)
8^{15}—8^{30} Geistliche Lesung, oder in der Kapelle Andacht,
8^{30} Abendgebet, Gang in den Schlafsaal, Nachtruhe mit Silentium sacratum.

Bei winterlichem Schulbeginn um 8^{15} Uhr, also vom 15. Nov. bis 15. Febr., verschiebt sich die Vormittagsordnung in allem um eine Viertelstunde bis zum Mittagstisch 12^{10} Uhr. Die übrige Ordnung bleibt unverändert.

7

II. Sommerordnung. Vom 1. Mai bis Juli.

5^{00} Aufstehen.
5^{20} Abruf im Museum
5^{25} Morgengebet
5^{30}—7^{00} Morgenstudium: dafür abends, wenn nicht eigene Ordnung angesetzt wird
bis 6^{30} abends Studium
6^{30} Abendtisch
7^{00}—8^{30} Spielplatz oder Spaziergang, Haustus
8^{30}—8^{45} Geistliche Lesung
8^{45} Nachtgebet und Bettgang.

III. Sonn- und Festtage.

Aufstehen: ½ Stunde später als Werktags.
bis 7^{00} Morgenstudium oder Kommunion in der Kapelle
7^{30} Frühstück und Freizeit (Sonntagsruhe im Garten!)
7^{50}—8^{15} Studiengottesdienst im Dom
8^{45} Wäschebesorgung im Schlafsaal
9^{00}—10^{15} Studium
10^{15} Gemeinsame Gesangsübung für Tischlieder
10^{30}—11^{45} Spaziergang bei günstiger Witterung, andernfalls Konferenzen, Musikproben; Libera occ. von 11^{30}—12^{00}
12^{00} Mittagstisch
bis 1^{30} Freizeit
1^{30}—2^{00} Libera occupatio, Singstunden
2^{00} Nachmittagsandacht
2^{45}—4^{00} Spaziergang
4^{00}—5^{00} Freizeit
5^{00}—7^{00} Abendstudium, Akademie

Alles übrige wie Werktags.
An allgemeinen Kommuniontagen:
6^{30}—7^{30} Kommunionfeier. Studium 8^{30}—10^{00}.

Tagesablauf des Knabenseminars

Der Tagesablauf im Knabenseminar war streng geregelt. Er diente der Vorbereitung auf den Priesterberuf, und entsprechend stark war er von religiösen Übungen geprägt. Im Vordergrund stand allerdings der erfolgreiche Schulbesuch. Die „Hausordnung" des Seminars enthält detaillierte Vorschriften, die jeden Aspekt der Lebensführung erfassen. Sie legt die „Elemente der Seminar-Disziplin" fest. Dazu gehören Gebet und religiöses Leben; Studium und Schule; Studierregeln; Freizeit; Hygiene- und Ernährungsvorschriften; Besuche und Ausgänge und schließlich die Eigentumsverhältnisse. Die Disziplin war streng und die Lebensumstände waren spartanisch. In den Sommermonaten beginnt der Tag um fünf Uhr, im Winter eine halbe Stunde später. Die Kinder schliefen überwiegend in zwei Schlafsälen mit je 50 Betten. Freizeit gab es wenig; die Ernährung war spärlich; ehemalige Zöglinge berichten, dass sie Hunger gelitten hätten, und auf besondere emotionale Zuwendung durften sie auch nicht rechnen.[10]

Korbinian Aigner als Gymnasiast

In seinem Roman „Unterm Rad" von 1906 vermittelt Hermann Hesse eine Vorstellung von dieser Art eines kirchlichen Internatslebens. Er beschreibt eine Einrichtung der protestantischen Kirche, aber die Zielsetzungen wie die Lebensumstände sind hier wie dort, im Kloster Maulbronn wie auf dem Freisinger Domberg, weitgehend die gleichen. Ganz leicht dürfte es den Zöglingen auch auf dem Domberg nicht gefallen sein, sich als Zehnjährige von einem Tag auf den anderen an das neue Leben zu gewöhnen. Auch das beschreibt Ratzinger: „Aber ich gehöre zu den Menschen, die nicht fürs Internat geschaffen sind. Ich hatte in großer Freiheit zu Hause gelebt, studiert, wie ich wollte, und meine eigene kindliche Welt gebaut. Nun in einen Studiersaal mit etwa sechzig anderen Buben eingefügt zu sein, war für mich eine Folter, in der mir das Lernen, das mir vorher so leicht gewesen war, fast unmöglich schien."[11]

Die Erinnerungen der Zeitzeugen, die das Freisinger Knabenseminar nach dem Zweiten Weltkrieg besucht haben, sind gemischt. Während die einen über soziale Kälte und körperliche Züchtigungen klagen, blicken die anderen, wie der vormalige bayerische Kultusminister Hans Zehetmair, gerne zurück und würdigen vor allem die einmalige Chance, hier trotz bildungsferner Herkunft, wie man heute sagen würde, den Weg zum Abitur gefunden zu haben.[12] Auch bei Zehetmaier findet sich das bekannte Muster wieder: Er entstammte einer kinderreichen Bauernfamilie des Landkreises Erding, und der Ortspfarrer drängte darauf, „den offensichtlich begabten und aufgeweckten Buben nach Freising aufs Gymnasium zu schicken".[13] Das Knabenseminar, das Zehetmair gleichzeitig besuchte, hält sicher den Maßstäben moderner pädagogischer Vorstellungen nicht stand; und das mag die Unterschiede in der rückblickenden Beurteilung erklären. Das

Hauptziel der ganzen Seminareinrichtung war die Einübung in eine geistliche Lebensform und gleichzeitig der erfolgreiche Besuch des staatlichen Gymnasiums.

Hier allerdings scheitert Korbinian Aigner. Er verlässt im Jahre 1904 das Gymnasium in Freising, weil er gerade in den beiden altphilologischen Fächern keine ausreichenden Leistungen erzielt hatte und nicht versetzt wurde. Er wechselt zum Königlichen humanistischen Luitpolds-Gymnasium in München. Dieses Gymnasium – nicht zu verwechseln mit dem heutigen Münchener Luitpold-Gymnasium in der Seeaustraße – war 1887 in den ehemaligen Räumen eines Militärlazaretts in der Müllerstraße in der Isarvorstadt eingerichtet worden. „S. K. Hoheit Prinz Luitpold, des Königreichs Bayern Verweser, hat Allergnädigst zu genehmigen geruht, daß dem neu zu errichtenden vierten humanistischen Gymnasium der Name ‚Luitpolds-Gymnasium' beigelegt wird."[14] 1918 wird das Luitpolds-Gymnasium mit dem Neuen Realgymnasium, dem heutigen Albert-Einstein-Gymnasium, organisatorisch zusammengefasst.

Das Luitpolds-Gymnasium im Frühjahr 1912.

Das Luitpolds-Gymnasium in der Isarvorstadt 1912

Das Luitpolds-Gymnasium hatte berühmte Schüler: Albert Einstein hat hier sechs Jahre die Schule besucht, ebenso wie Franz Marc, der zeitweise sein Mitschüler war. Der Vater Werner Heisenbergs, der Byzantinist August Heisenberg, unterrichtete hier, und Leiter der Einrichtung war seit 1902 Dr. Georg von Orterer, ein prominenter Politiker der „Bayerischen Patriotenpartei", der 1883 in die Kammer der Abgeordneten des Bayerischen Landtages gewählt wurde und ihr bis zum Tode angehörte. Ludwig Thoma hat ihm in seinen „Filser-Briefen" ein unfreundliches Denkmal gesetzt: Hier tritt er als „inser gelibder und hochwierninger Bresadent Orderer" auf: „Leider ich hab missen, den ich hab es nichd gern gemachd, indem das ich den Orderer nichd schmeggen kan und ieberhaupts kan ien keiner nichd schmeggen fier seinen hochmiedigen Schtolz und indem ich den Bfarrer fon Zilhofen noch weninger schmeggen kan, aber leider ich hab missen, den man muß volgen oder man wird kein Abgeordneter nichd mer."[15]

Korbinian Aigner als Abiturient

Als Korbinian Aigner am Luitpolds-Gymnasium sein Abitur machte, hatte er 48 Mitabiturienten. Im Schulprogramm von 1911/12 wird eine interessante Statistik über die von den Abiturienten seit Bestehen des Gymnasiums gewählten Berufsarten gegeben. Von den knapp 1400 Abiturienten – darunter neun weiblichen „Privatstudierenden" – nahmen 146 wie Korbinian Aigner ein Studium der katholischen Theologie auf. Damit stand die katholische Theologie an vierter Stelle der Berufswünsche. Weit an der Spitze der Berufswahl stand Jurisprudenz, gefolgt von Medizin und, deutlich abfallend, den militärischen Laufbahnen.[16]

Es ist nicht ganz klar, warum Korbinian Aigner seine Schulzeit nicht in Freising zu Ende brachte. Sein Wechsel an das Luitpolds-Gymnasium hat möglicherweise damit zu tun, dass hier nicht so viel Wert auf die alten Sprachen gelegt wurde, an denen er in Freising gescheitert war. Das Münchener Gymnasium hatte sich ein modernes Profil gegeben. Die Zahl der lateinischen Unterrichtsstunden wurde etwas zurückgedrängt, der deutschen Sprache wurde großes Gewicht beigemessen und besonderer Wert wurde in den unteren Klassen auf die zeichnerische Ausbildung gelegt.[17] Wie auch immer: Am 14. Juli 1906 legt er das „Gymnasialabsolutorium", das Abitur also, mit gemischtem Erfolg ab. Das Zeugnis bescheinigt ihm, dass er „fast durchweg löbliches Verhalten an den Tag" gelegt habe, und er war „auch mit meist anerkennenswertem Eifer und Fleiß bemüht, den gestellten Anforderungen nachzukommen. Besondere Erwähnung verdienen seine erfreulichen Erfolge im Zeichnen."[18]

K. Humanistisches Gymnasium Luitpold-München.

Gymnasial-Absolutorium.

Korbinian Aigner

Sohn des Ökonomen Herrn Korbinian Aigner zu Hohenpolding

Bezirksamts Erding, geboren am 11. Mai 1885

zu Hohenpolding, kath. Konfession, welcher seit dem Herbste des Jahres 1904 Schüler des K. Luitpold-Gymnasiums ist,

hat sich als Schüler der Oberklasse der im Juni und Juli d. J. abgehaltenen Absolutorialprüfung unterzogen und ist nach den Ergebnissen derselben für befähigt zum Übertritt an eine Hochschule erklärt worden.

(Unter) seinen schriftlichen Prüfungsarbeiten, die fast durchweg seinen Jahresleistungen entsprachen, waren in der Religion und im Französischen gut, in den übrigen Fächern mittelmäßig, auch sein deutscher Aufsatz erhob sich nach Inhalt und Form nicht über diese Stufe.

Auf Grund der Ergebnisse der schriftlichen Prüfung und der Jahresleistungen konnte ihm die mündliche Prüfung erlassen werden.

Während seines Aufenthaltes an der Anstalt legte er fast durchweg ein sehr löbliches Verhalten an den Tag und war auch mit meist anerkennenswertem Eifer und Fleiß bemüht den gestellten Anforderungen nachzukommen.

Besondere Erwähnung verdienen seine erfreulichen Erfolge im Zeichnen.

Im einzelnen lassen sich seine Kenntnisse nach den bei der Prüfung und in der Oberklasse gegebenen Proben folgendermassen bezeichnen:

in der Religion	gut	in der französischen Sprache	gut
„ deutschen Sprache	genügend	„ Mathematik und Physik	genügend
„ lateinischen Sprache	genügend	„ Geschichte	gut
„ griechischen Sprache	genügend	im Turnen	gut.

München, am 14. Juli 1906.

Der K. Ministerialkommissär: der Rektor.

Der K. Rektor: Dr. Georg v. Orterer, K. Oberstudienrat.

A. FELLERER, FREISING.

Das Abiturzeugnis Korbinian Aigners (zeitgenössische Abschrift von 1909)

Der nächste Schritt seiner Ausbildung führt ihn wieder zurück nach Freising. Aigner besucht das Klerikalseminar und das Lyzeum in Freising. In der Konstellation „Klerikalseminar“ und „Lyzeum“ wiederholt sich auf einer höheren, der akademischen Bildungsstufe die Konstellation von „Knabenseminar“ und „Gymnasium“. Das Lyzeum war eine staatliche, ausschließlich der Ausbildung katholischer Priester vorbehaltene Hochschule; das Klerikal- oder Priesterseminar war eine kirchliche Einrichtung der Diözese München und Freising. Wie das vorgelagerte Knabenseminar war auch das Klerikalseminar eine internatsähnliche Einrichtung und verfolgte wiederum den Zweck einer Einübung in priesterliche Lebensformen. Es wurde 1826 mit Erlass Ludwigs I. begründet, zwei Jahre vor dem Knabenseminar.[19]

Am 10. Oktober 1906 bewirbt sich Korbinian Aigner um die „gnädige Aufnahme“ in das erzbischöfliche „Klerikalseminar“. Mit diesem Schritt folgte er wiederum den vorgezeichneten Bahnen. Für einen jungen Mann dieser sozialen Herkunft mit akademischen Ambitionen war kaum etwas anderes denkbar als die Laufbahn eines katholischen Priesters. Das Theologiestudium hatte den Vorzug, kostenlos zu sein und zudem eine sichere berufliche Laufbahn zu verheißen.

Ungewöhnlich war die Berufswahl Korbinian Aigners also nicht. Sie folgte der Rekrutierungs- und Ausbildungspraxis des katholischen Priesternachwuchses im 19. Jahrhundert. Mit dieser Praxis verband die katholische Kirche eine doppelte Zielsetzung. Indem sie den priesterlichen Nachwuchs aus den unteren Volksschichten, den Bauern, den Handwerkern, den Gewerbetreibenden rekrutierte, bewahrte sich die Kirche zunächst ihre Verankerung im einfachen Volk: „Der katholische Klerus, gemeinhin bäuerlich-kleinbürgerlicher Herkunft, war, anders als die protestantische Pfarrerschaft, nicht akademisch-intellektuell, nicht bildungsbürgerlich, insofern freilich dem einfachen Volk auch näher.“[20]

Zugleich eröffnete die Kirche auch jenen sozialen Schichten den Zugang zu einer höheren akademischen Bildung, die ohne dieses Angebot davon faktisch ausgeschlossen gewesen wären, und bewahrte sich selbst damit die Fähigkeit zur ständigen sozialen Erneuerung. In der Summe gilt: „Kein anderer akademischer Beruf erwies sich als derart zugänglich für Angehörige unterprivilegierter Schichten.“[21] Allerdings konnte diese Rekrutierungspolitik nicht den dramatischen und selbstgewählten Bildungsrückstand ausgleichen, den die katholischen Regionen Deutschlands um 1900 noch gegenüber den protestantischen aufwiesen und der sich in weit unterdurchschnittlicher Bildungsbeteiligung durch Besuch von Gymnasien, Fachschulen und Universitäten bemerkbar machte.[22]

Hinter dem „Klerikalseminar“, das Korbinian Aigner ab 1906 besuchte, stand ein Konzept, das bereits im 16. Jahrhundert entwickelt worden war: Das Konzil von Trient fordert eigene Priesterseminare, die sich aber erst im Laufe des 19. Jahrhunderts durchsetzen.[23] Das hatte seinen Grund. Denn das Verhältnis der katholischen Kirche zu ihrem gesellschaftlichen Umfeld war in den letzten Jahrzehnten des 19. Jahrhunderts eine zusehends kontrovers diskutierte Frage geworden. Durch den Kulturkampf der Bismarck-Zeit und die Verkündigung des Unfehlbarkeitsdogmas durch das Vatikanische Konzil 1870 war die katholische Kirche in einen immer stärkeren Gegensatz zu den gesellschaftlichen Entwicklungen getreten. Im Zuge der „Modernismus-Krise“ wurde diese Problemlage wahrgenommen und vorsichtig diskutiert, und es wurde auch zurückhaltend darauf reagiert.[24] Eine neue Generation von Theologen versuchte, sich den aktuellen geistigen und gesellschaftlichen Tendenzen gegenüber zu öffnen, um den Kontakt zur Bevölkerung nicht zu verlieren.[25]

Auf der anderen Seite aber versuchte man jedoch, die Priesterausbildung möglichst von den Einflüssen der modernen Welt fernzuhalten. Die Aufnahme in das Priesterseminar diente dem Zweck, den angehenden katholischen Geistlichen nicht nur eine spezifisch fachliche Ausbildung zuteil werden zu las-

Das ehemalige Priesterseminar wird heute als Bildungsstätte der Erzdiözese München und Freising genutzt.

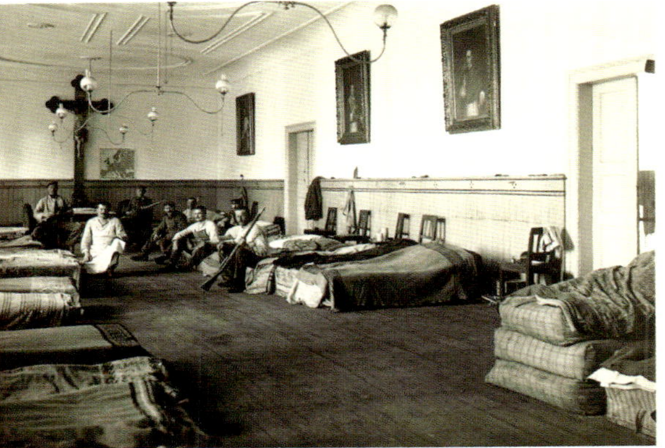

Der Speisesaal des Knabenseminars: Wohl aus Kostengründen gab es öfters Kraut; die Seminaristen hießen deshalb bei allen „Krauterer". Die ehemaligen Schlafsäle wurden während des Zweiten Weltkrieges als Lazarett genutzt.

sen, sondern sie darüber hinaus umfassend zu sozialisieren. Durch die internatsförmige Unterbringung mit ihren strengen Lebensregulierungen wurde die disziplinarische Aufsicht erleichtert. Das Ziel dieser weit über die fachlich-theologische Ausbildung hinausgehenden Sozialisierung war die „Klerikalisierung und Sakralisierung des Priesterbildes bis in kleinste Bereiche des Alltagslebens, für die außerdem eigene Kontrollmechanismen entstanden".[26]

Klerikalseminar auf dem Domberg

Das Dom-Gymnasium Freising steht heute an der Stelle des ehemaligen Philippsschlosses.

Wie schon das „Knabenseminar", so zielte auch das „Priester-" oder „Klerikalseminar" in diesem Sinne auf eine klare Abgrenzung vom weltlichen Leben.[27] Die Ausbildung war darauf ausgerichtet, den Priesternachwuchs vom Zeitgeist der „Modernisierung" abzuschirmen und eine eigene Elite in speziellen Ausbildungsstätten heranzuziehen.[28] Den Priestern wie ihrer Umgebung sollte bewusst bleiben, dass der Klerikerstand eine soziale Sonderstellung einnahm, was durch die Verpflichtung zum Tragen der Soutane auch äußerlich unterstrichen wurde. Die Priesterausbildung war geprägt durch eine starke Kontrolle des priesterlichen Verhaltens mittels tief in das Alltagsleben hineinreichender Vorschriften.

Das Klerikalseminar war eine gegenüber dem staatlichen Lyzeum selbständige kirchliche Einrichtung.[29] Es bildete den Wohn- und Lebensraum der Priesteranwärter während ihres Studiums; es bot auch verpflichtende Lehrveranstaltungen mit einem eigenen Curriculum und eigenen Zeugnissen an. Die eigentliche Ausbildungsstätte für die im Klerikalseminar lebenden Priesteranwärter war aber das „Lyzeum". Hierbei handelt es sich um eine nur für den katholischen Priesternachwuchs eingerichtete Ausbildungsstätte.

Ausgrabungsarbeiten im Innenhof des Philippsbaus vor dem Abriss. Hier waren einst die Turnhalle und die naturwissenschaftlichen Fachräume untergebracht.

Kupferst ch der Bischofsstadt Freising in der „Topographia Bavariae“ von Matthaeus Merian, 1644

Der „Lehrberg“ in Freising, Aufnahme von etwa 1930. Hier verbrachte Korbinian Aigner die wesentlichen Jahre seiner Gymnasial und Priesterausbildung von 1896 bis 1904 und dann wieder von 1906 bis zur Priesterweihe 1911. Das Gebäude rechts neben dem Dom beherbergt das Lyzeum und das Gymnasium, in der Bildmitte das Klerikalseminar, vorne links das Knabenseminar.

Das „Lyzeum" wurde 1834 von Landshut nach Freising verlegt und durch eine Theologische Fakultät ergänzt. Damit wurden die auf dem Domberg – im Volksmund zu Recht auch „Lehrberg" genannt – angesiedelten Priesterausbildungseinrichtungen vervollständigt.[30] 1891 wurde dem Freisinger Lyzeum „Universitätsrang" bescheinigt,[31] 1923 wurde es in „Philosophisch-Theologische Hochschule" umbenannt. Im weiteren Verlauf des 20. Jahrhunderts durchlebte es eine wechselvolle Geschichte: 1939 wurde die Freisinger „Philosophisch-Theologische Hochschule" geschlossen, 1945 wieder eröffnet und 1969 wurde sie endgültig aufgegeben und die Priesterausbildung an die Münchener Universität verlagert. Ein gutes Jahrhundert lang aber war das Freisinger Lyzeum die wichtigste Priesterausbildungsstätte der Diözese München und Freising, obwohl es in Konkurrenz stand zur Theologischen Fakultät der Münchener Universität.

Korbinian Aigner bei der Priesterweihe

Bei den Lyzeen handelte es sich um staatliche Einrichtungen, die allerdings einem starken, vertraglich und gesetzlich geregelten kirchlichen Einfluss unterlagen.[32] Im Gefüge der bayerischen Hochschulen nehmen sie eine Sonderstellung ein: „Die Lyceen sind und bleiben Spezialschulen für das philosophische und theologische Studium. Sie stehen als solche hinsichtlich der Lehrgegenstände auf gleicher Stufe mit den betreffenden Fakultäten der Landesuniversitäten."[33] Die in den 1890er Jahren vollzogene formale Gleichstellung mit den Universitäten hatte auch eine Aufwertung großer Teile der Dozentenschaft zu „ordentlichen Professoren" zur Folge.[34] Am wissenschaftlichen Niveau der Ausbildung an den Lyzeen wurden aber bereits von den Zeitgenossen Zweifel geäußert:[35] „Das Freisinger Studium war in hohem Maße verschult und vom Auswendiglernen der Inhalte geprägt, hatte in weiten Teilen folglich nur begrenzt wissenschaftlichen Charakter im engeren Sinn."[36] Die Ausbildung dauerte sechs Jahre; einem drei Semester dauernden Philosophiestudium, zu dem auch ein naturwissenschaftliches Fach gehörte, folgte ein theologisches Studium.[37]

Korbinian Aigner hat sich offensichtlich schwergetan mit dem Studium am Klerikalseminar und am Lyzeum. Das philosophische Zwischenexamen im Seminar vom 13.8.1907 besteht er als 53. von 54 Kandidaten: Die Prüfung wird als bestanden bewertet, „wobei man jedoch erwartet, derselbe werde durch ernstes Studium und wahrhaft religiösem Wandel, fernab von allem Wirtshausbesuche, sich der Zulassung zum Klerikalstande würdig erweisen." Diese Mahnung war auf dem Zeugnis vorgedruckt; sie galt also für alle Kandidaten, und die ausdrückliche Erwähnung des „Wirtshausbesuchs" zeigt, mit welcher Weitsicht die kirchliche Behörde die weitere Laufbahn ihrer Schützlinge im

Die Familie Aigner bei der Primiz

Blick hatte – das Thema „Wirtshausbesuch“ der Pfarrer war in der Tat ein oft diskutiertes Problemfeld.[38] Dass aber Korbinian Aigner in dieser Beziehung anfällig gewesen wäre, ist nicht überliefert.

Sein Studium verläuft weiter mühsam. Im August 1910 wird er nur probeweise für die nächste Stufe des Klerikalseminars, das Alumnat, zugelassen. Ein knappes Jahr später aber erreicht er dann doch sein Ziel: Am 29. Juni 1911 wird Korbinian Aigner zum Priester geweiht. Im Abschlusszeugnis, der „Allgemeinen Seelsorgsqualifikation“ wird ihm aber nur eine verhaltene Würdigung zuteil: Die Kenntnisse seien „zur Not genügend“, er sei „seicht im Wissen und ziemlich oberflächlich im Charakter“, und eine Ermahnung wird ihm auch noch mit auf den Weg gegeben: Er werde sich „sehr auf Pflichtbewußtsein und Vertiefung seines Wesens besinnen müssen, wenn er erbaulich und ersprießlich wirken will.“ Und am Schluss folgt der Satz, der den weiteren Lebensweg ahnungsvoll voraussagt: „Ist mehr Pomologe als Theologe.“[39]

Hohenpolding, 17. Juli. (Primizfeier.) Wenn schon unsere Bevölkerung beim Empfange des Hochw. Herrn Primizianten Korbinian Aigner am Freitag den 30. Juni ihre besondere Verehrung kundgab — wurde er doch in feierlichem Zuge vom Bahnhof Taufkirchen nach seinem Heimatsort geleitet — umso erhebender gestaltete sich die Primizfeier selbst. Waren doch viele fleißige Hände in der vergangenen Woche, besonders am Vorabende tätig, um den Freudentag für die ganze Gemeinde zu einem würdigen zu gestalten. Circa 20 Triumphbögen waren in der Pfarrei aufgestellt, 10 im Dorf selbst. Alle Häuser waren festlich geschmückt, Fahnen flackerten überall und Guirlanden säumten den ganzen Weg ein, den der Hochw. Herr beschritt. Den größten Schmuck aber bildete der Primizaltar selbst, der im Freien fast auf dem gleichen Platze wie vor 2 Jahren aufgestellt war. Herr Hauptlehrer Kroher mit Frau und Frl. Tochter arbeiteten unermüdlich an der Zierde des Altars. Die Anordnungen der Guirlanden und Kränze, die Aufstellung der Bilder und Blumen war eine so gelungene, daß man sich nicht satt sehen konnte und es nur bedauerte, daß nach einem Tage dieser Schmuck wieder weichen sollte. Desgleichen war die Kirche selbst von fachkundiger Hand herrlich geziert. Am Vorabend des Festes abends 9 Uhr sah man vor dem Hause des HH. Primizianten Lichter aufleuchten und bald ertönte ein stimmungsvolles, gut vorgetragenes Lied: „Herr segne ihn, den du erwählt." Am Primiztage selbst ertönten bereits um 4 Uhr morgens Böllerschüsse. Gegen 9 Uhr begann der Festzug zum Altare. Ein Vetter des Gefeierten HH. Nöscher, Anstaltsdirektor von Schönbrunn hielt eine vom Herzen kommende und zu Herzen gehende Primizpredigt, während ein anderer Vetter des HH. Primizianten, HH. Schmid, Pfarrer in Kreuzholzhausen als patrinus bei der Primiz selbst fungierte. Der Kirchenchor, von HH. Hauptlehrer Kroher übernommen, verschönerte die Feier mit der herrlichen Festmesse von Rudolf Bibl. Das Primizmahl fand statt beim hiesigen Wirte, Herrn Winkler, der bemüht war, die Primizgäste zu befriedigen. Als Redner traten noch auf: HH. Primizprediger und Herr Pfarrer Oberndorfer von Schwindkirchen, außerdem sprach ein Knabe sehr schneidig ein Festgedicht. Der Verlauf der Feier war ein wohlgelungener und alle Teilnehmer gingen heim mit dem Bewußtsein, einen schönen Tag erlebt zu haben. Ehre dem Volke, das noch so seinen Priester zu ehren weiß, das in ihnen seine größten Freunde und Berater sieht.

Ein zeitgenössischer Zeitungsbericht über die Primiz aus unbekannter Quelle, möglicherweise aus der Dorfener Zeitung

1 Niedermayer, Der „Apfelpfarrer“ Korbinian Aigner, S. 2.
2 Götz von Olenhusen, Die Ultramontanisierung des Klerus, S. 50.
3 Forstner, Priester in Zeiten des Umbruchs, S. 112.
4 Ebd., S. 94-121.
5 Huber, Erinnerungen, S. 13.
6 Niedermayer, Vorwort, S. 10f.
7 Forstner, Priester in Zeiten des Umbruchs, S. 122.
8 Ratzinger, Aus meinem Leben, S. 28.
9 Laube, Bischöfliche Knabenseminare, s.p.
10 Forstner, Priester in Zeiten des Umbruchs, S. 141-151.
11 Ratzinger, Aus meinem Leben, S. 28f.
12 Reglein, Keine einzige schöne Erinnerung.
13 Niedermayer, Hans Zehetmair, S. 226.
14 Egenolf, Luitpold-Gymnasium, S. 49.
15 Thoma, Briefwexel, S. 33.
16 Egenolf, Luitpold-Gymnasium, S. 53.
17 Ebd., S. 56.
18 AEM PA-P III 10.
19 100 Jahre Erzbischöfliches Klerikalseminar Freising, S. 21.
20 Nipperdey, Deutsche Geschichte 1866-1918, S. 432.
21 Forstner, Priester in Zeiten des Umbruchs, S. 113.
22 Wehler, Deutsche Gesellschaftsgeschichte, S. 394f.
23 Beck, Die unerkannte Avantgarde im Pfarrhaus, S. 22.
24 Brenner, Catholica non leguntur, S. 291-300.
25 Hürten, Die katholische Kirche seit 1800, S. 317f.
26 Beck, Die unerkannte Avantgarde, S. 40.
27 Ebd., S. 37f.
28 Ebd., S. 32.
29 Punkes, Freising, S. 92.
30 Müller, München und Freising: 3. Lyzeum, Philosophisch-Theologische Hochschule Freising.
31 Gatz, Priesterausbildungsstätten der deutschsprachigen Länder zwischen Aufklärung und zweitem Vatikanischem Konzil: mit Weihestatistiken der deutschsprachigen Diözesen, S. 152.
32 Schröder, Die staatlichen philosophisch-theologischen Hochschulen in Bayern, S. 25-28.
33 Punkes, Freising, S. 62.
34 Schröder, Die staatlichen philosophisch-theologischen Hochschulen in Bayern von 1923 bis 1978, S. 22.
35 Inkamp, Die katholische Theologie in Bayern von der Jahrhundertwende bis zum Ende des Zweiten Weltkrieges, S. 539-651.
36 Forstner, Priester in Zeiten des Umbruchs, S. 204.
37 Ebd., 204f.
38 Ebd., S. 337-340.
39 AEM PA-P III 10. Allgemeine Seelsorgsqualifikation – Note zur Priesterweihe 29. Juli 1911.

„Klerus und Obstbau" - eine natürliche Allianz

„Klerus und Obstbau": So überschrieb der damals gut 60-jährige Korbinian Aigner einen kleinen Aufsatz im „Klerusblatt". Der Pfarrer in Hohenbercha gibt hier seinen Amtskollegen den Rat, sie möchten „auf dem Lande die eigenen Pfarrgärten musterhaft instandhalten. Diese sollen ja das Vorbild sein für die ganze Gemeinde!"[1] Der Artikel erschien 1947, knapp 40 Jahre nachdem Korbinian Aigner als junger Theologiestudent einen Obstverein gegründet hatte. In seiner Studienzeit hatte der angehende Priester seine Leidenschaft für den Obstbau entdeckt, die offensichtlich größer war als die für die Theologie. Es ist müßig, über die Ursprünge dieser Passion zu spekulieren. Man muss nicht, wie es gelegentlich getan wurde, auf Adam und Eva im Paradies und ihren misslichen Griff nach dem Apfel zurückgehen, um für seine Apfelleidenschaft – die übrigens auch Birnen umfasste – eine Erklärung zu finden.[2] Es wird wie immer viel zusammengekommen sein. Die bäuerliche Herkunft, eine Liebe zur Natur, ein nur mäßiges Interesse für die theologische Wissenschaft und sicher auch zufällige Begegnungen, die ihn in Berührung brachten mit dem immer kräftiger sich etablierenden organisierten Obstbau in Bayern. Ihm widmet sich Korbinian Aigner jedenfalls mit größerem Eifer als seiner priesterlichen Bestimmung.

Der junge Priesterzögling gründet im August 1908 einen Obstbauverein in seinem Heimatdorf Hohenpolding, dessen erster Vorsitzender er wurde und der bald an die 80 Mitglieder hatte. Die Gründung und Frühgeschichte des Hohenpoldinger Obstbauvereins hat Korbinian Aigner selbst dokumentiert.[3] Erhalten sind 42 handschriftliche Seiten, die mitten im Wort abbrechen; es fehlt also offensichtlich ein Teil. Bei dem Text handelt es sich um eine in Schönschrift angefertigte Dokumentation. Der eigentliche Bericht über die Gründungsversammlung beginnt auf S. 25 mit dem Vermerk „In dieses Buch nachgetragen, Hohenpolding, den 18. April 1911", also im letzten Jahr von Korbinian Aigners Freisinger Zeit; das letzte Blatt trägt das Datum „Herbstversammlung 1908" und bezieht sich auf die zweite Versammlung vom 27. September 1908. Eine genaue Datierung der anderen Teile fehlt. Jedenfalls handelt es sich aber um einen Bericht, der den Zeitraum von 1908 bis 1911 umfasst.

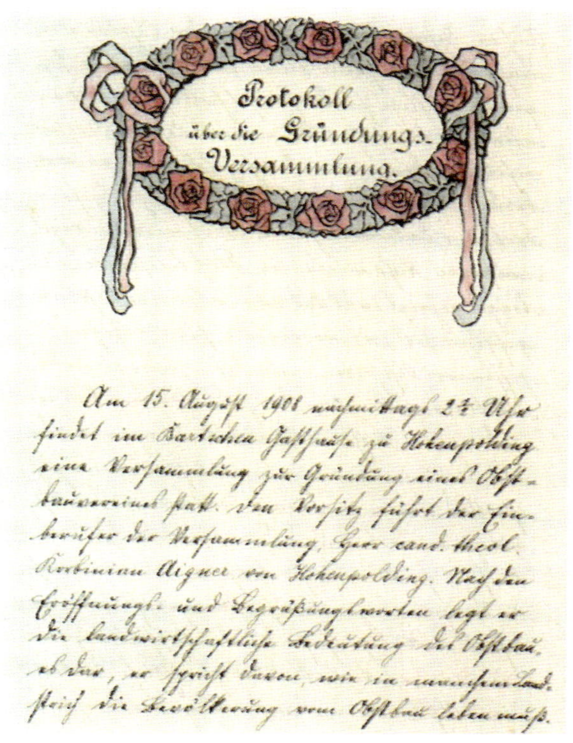
Protokoll
über die Gründungs-
Versammlung.

Am 15. August 1908 nachmittags 2½ Uhr
findet im Bartschen Gasthause zu Hohenpolding
eine Versammlung zur Gründung eines Obstbauvereines statt. Den Vorsitz führt der Ein-
berufer der Versammlung, Herr cand. theol.
Korbinian Aigner von Hohenpolding. Nach den
Eröffnungs- und Begrüßungsworten legt er
die landwirtschaftliche Bedeutung des Obstbaues
dar, er spricht davon, wie in manchem Land-
strich die Bevölkerung vom Obstbau leben muß.

Über die Gründungsgeschichte des Obstbauvereins in Hohenpolding hat Korbinian Aigner einen ausführlichen Bericht angefertigt und ihn mit zahlreichen Illustrationen geschmückt. Hier eine ornamentale Zeichnung aus diesem Dokument.

Das Bild von ca. 1910 zeigt eine Gruppe von Priesterseminaristen in Freising, mit den typischen Handwerkszeugen der Obstbaugärtner, u.a. Spaten, Gießkanne und Giftspritze zur Schädlingsbekämpfung. Korbinian Aigner steht in der ersten Reihe, 2. v r.

Zunächst schildert Korbinian Aigner ausführlich und farbenfroh die Vorgeschichte der Vereinsgründung, sodann den Gründungsakt selbst, und schließlich berichtet er über die ersten Aktivitäten des Vereins in den ersten drei Jahren. Die Einleitungsseiten sind nicht ohne Interesse. In einem leicht verkitschten Stil, mit einem Übermaß an Adjektiven, der sich an die bäuerliche Heimatliteratur der Zeit anlehnt, schildert Korbinian Aigner in der dritten Person Singular die Pfingstzeit 1908, in der er auf die Idee der Vereinsgründung gekommen sei. Dabei beweist er bei aller sozialromantischen Verklärung durchaus einen scharfen Blick für die Gegebenheiten: Er sieht, dass der Obstbau ein Teil der bäuerlichen Ökonomie ist, dass die Bauern mit ihm aber oft überfordert sind. Beim Erwerb der Bäume werden sie oft betrogen, und die Bestandspflege und Verwertung überfordert ihre Sachkenntnis. Zur Gründung des Vereins versichert sich Korbinian Aigner der sachkundigen Hilfe des ortsansässigen Zimmermanns Franz Hausladen. Auch hier verbirgt sich hinter der literarischen Genremalerei der scharfe Blick für die soziale Realität: Hausladen war zuvor Weber gewesen, und Korbinian Aigner beschreibt den Niedergang dieses Berufsstandes, der am Ende zum Berufswechsel Hausladens geführt habe und auch zu einer Umstellung der bäuerlichen Ökonomie – die Flachsfelder, als Rohstoff für die Weber, sind verschwunden: Der Weber „ist ein Zimmermann geworden, seitdem ihn der Webstuhl nicht mehr nährt", heißt es auf der zweiten Seite der Gründungsaufzeichnungen. Korbinian Aigner berichtet auch über das verheerende Hagelunwetter, das zwei Monate zuvor über Hohenpolding niedergegangen war – „das ärgste seit Menschengedenken" – und ihn befürchten ließ, die Bauern hätten andere Sorgen als die Gründung eines Obstbauvereins.

In seinem Gründungsbericht beklagt Korbinian Aigner das Verschwinden der Flachsfelder aus seiner Heimat, die im 19. Jahrhundert noch das Landschaftsbild beherrscht haben. Hier ein Flachsfeld in Frankreich aus dem 20. Jahrhundert.

Es kam aber anders. Nach allerlei in epischer Breite vorgetragenen Erwägungen kommt es dann am 15. August, „Maria Himmelfahrt", einem Samstag, zur Gründung des Vereins, die überaus erfolgreich verläuft. Gleich bei der konstituierenden Sitzung tragen sich 44 Vereinsmitglieder ein, aber auch hier geht es nicht ohne Spannungen ab: der Ortspfarrer ziert sich etwas, wird dann aber doch Zweiter Vorsitzender. Erster Vorsitzender wird der cand. theol. Korbinian Aigner. Der Lehrer hingegen, der eigentlich als natürlicher Verbündeter der Vereinsgründer angesehen werden müsste, verweigert sich komplett, was von Korbinian Aigner mit spitzen Kommentaren versehen wird. Hier zeichnet sich übrigens die Konstellation „Pfarrer gegen Lehrer" ab, die im Leben Korbinian Aigners bis nach dem Ende des Zweiten Weltkrieges eine Rolle spielen wird.

Bei den Vorplanungen der Vereinsgründung lässt Korbinian Aigner eine organisatorische Umsicht erkennen, die ihn wohl sein ganzes Leben begleiten wird. Er zieht Erkundigungen ein über Satzungsfragen; Mitgliedsbeitrag und Bezug der Verbandszeitschrift werden geklärt, ebenso die Zugehörigkeit zum Bezirksobstbauverband, der seinen Sitz im benachbarten Dorfen hat. Die Beratung der Mitglieder und der Bezug günstiger Setzlinge per Massenbestellung sind ein wichtiges Ziel des Vereins, und zur Eröffnungsveranstaltung wird der Kreisobstwanderlehrer Gustav Reichenbach eingeladen, der einen ausführlichen Vortrag mit praktischen Tipps für die Obstbaumpflege gehalten hat. Die Veranstaltung fand im Bart´schen Gasthof statt. Für die anwesenden Bauern, an deren Interesse Korbinian Aigner im Vorfeld ernsthafte Bedenken geäußert hatte, wurde die Veranstaltung erträglich gemacht durch die Bereitstellung großer Mengen Fleisches und Bieres, die am Ende aber doch nicht ausgereicht haben.

Aufruf!

Die wiederholten Unwetter dieses Sommers haben einer großen Zahl der unserer Organisation angehörigen Obstzüchter die ganze Obsternte vernichtet, sodaß sie nicht nur nichts zu verkaufen haben, sondern auch der notwendige Bedarf für den eigenen Haushalt fehlt. Ihnen in dieser Not beizustehen und dem Mangel abzuhelfen, soweit das möglich ist, wird gewiß allen denjenigen, welche ihre Obsternte unbeschädigt und ungemindert einbringen können, eine liebe Dankespflicht und Freude sein. Der Landesverband möchte zu solchem Liebesdienst mithelfen, indem er sich beiden Teilen zur Vermittlung erbietet und alle seine Vereine herzlich bittet, von ihrem Ueberfluß etwas an ihre notleidenden Brüder abzugeben. Bei der guten Ernte dieses Jahres wird das vielen Vereinen möglich sein, ohne daß von Einzelnen große Opfer gebracht werden müssen. Wir ersuchen daher unsere Vereinsvorstände, bei ihren Mitgliedern für dieses Hilfswerk zu werben und dem Landesverband baldmöglichst mitzuteilen, was und wieviel sie für dieses Liebeswerk zur Verfügung stellen können und wollen.

Sobald wir diese Mitteilungen erhalten haben, werden wir die angebotenen Obstmengen unter den Geschädigten verteilen und den spendenden Vereinen die Adressen übermitteln, an welche das Obst zu senden ist. Für alle Gaben im voraus ein herzliches Vergeltsgott!

Bayerischer Landesverband für Obst- und Gartenbau
Kirchenrat Engelhardt, Vorstand.

Auch im frühen 20. Jahrhundert wurde Bayern von verheerenden Unwettern heimgesucht, welche die Existenzgrundlage der Bauern zu zerstören drohten.
Hier ein Solidaritätsaufruf aus dem „Wegweiser im Obst- und Gartenbau" von 1930.

Ein Blick auf Hohenpolding im Jahre 2016 zeigt, dass die Landschaft nach wie vor von der Landwirtschaft geprägt ist.

In der Weiterführung des Berichts werden die Aktivitäten im Einzelnen beschrieben. Das Hauptgewicht lag wohl zunächst auf einer Beratung der Mitglieder darüber, wie sie ihren Obstgartenbau anlegen und die Erträge optimieren könnten. Dazu wurden die jeweiligen häuslichen Obstgärten besichtigt und den Mitgliedern Ratschläge gegeben. Auch in Hohenpolding wurde bis zur Vereinsgründung der Obstbau nicht sonderlich ernst genommen. Die Bäume wurden vernachlässigt, sobald erkennbar war, dass sie einer gewissen Pflege und eines Arbeitsaufwandes bedurften. Auch wenn Korbinian Aigner in seinem Protokoll erwähnt, dass für einen Zentner Obst bis zu 30 Mark am Markt zu erzielen seien, war das offensichtlich kein großer Anreiz in Anbetracht der Mühe, die dafür aufgewendet werden musste.

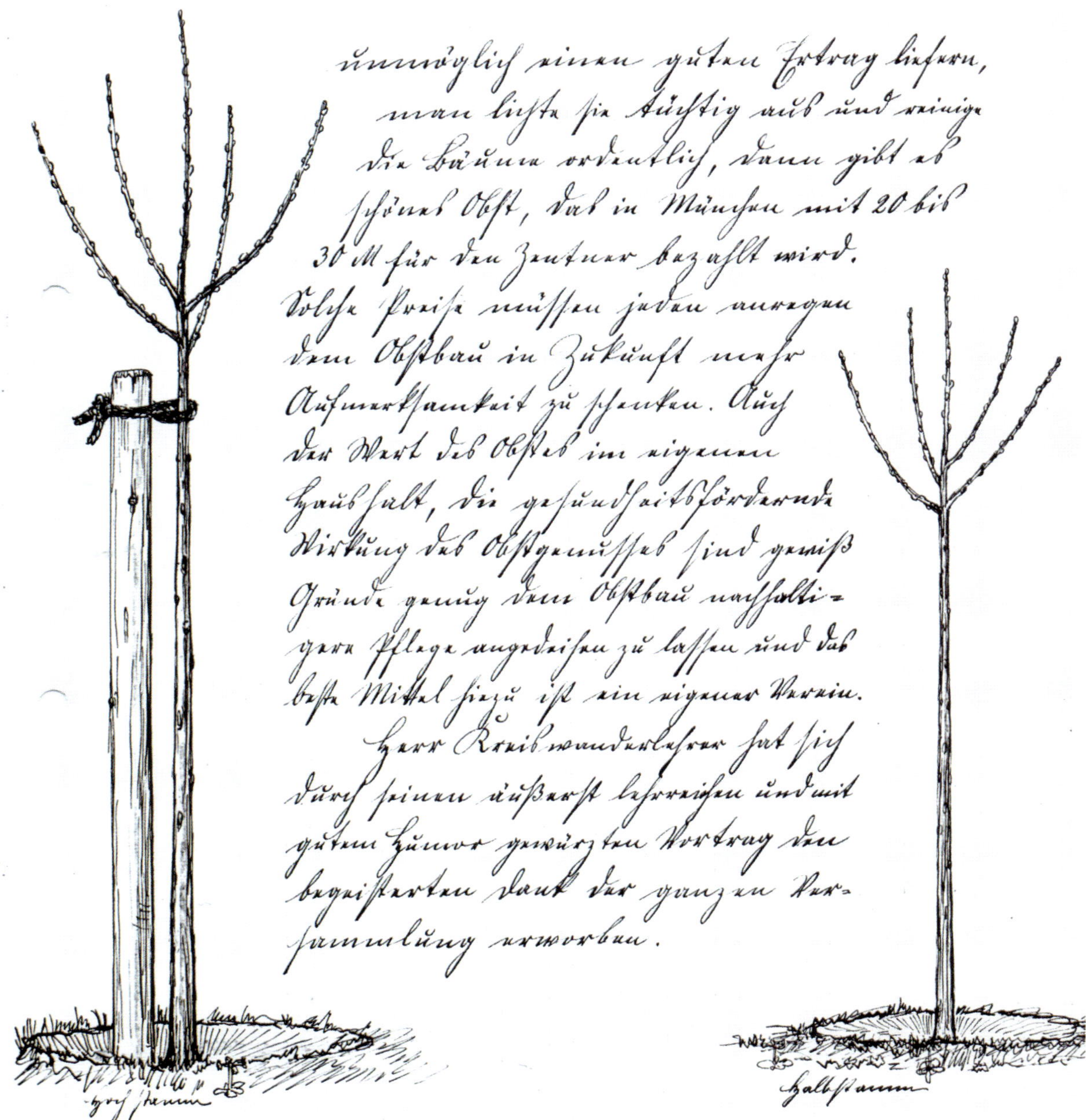

unmöglich einen guten Ertrag liefern,
man lichte sie richtig aus und reinige
die Bäume ordentlich, dann gibt es
schönes Obst, das in München mit 20 bis
30 M für den Zentner bezahlt wird.
Solche Preise müssen jeden anregen
dem Obstbau in Zukunft mehr
Aufmerksamkeit zu schenken. Auch
der Wert des Obstes im eigenen
Haushalt, die gesundheitsfördernde
Wirkung des Obstgenusses sind gewiss
Gründe genug dem Obstbau nachhalti-
gere Pflege angedeihen zu lassen und das
beste Mittel hiezu ist ein eigener Verein.
Herr Kreiswanderlehrer hat sich
durch seinen äußerst lehrreichen und mit
gutem Humor gewürzten Vortrag den
begeisterten Dank der ganzen Versammlung erworben.

In seinem Gründungsbericht referiert Korbinian Aigner ausführlich den Vortrag des Kreiswanderlehrers Reichenbach bei der Gründungsversammlung und illustriert ihn mit eigenen Zeichnungen.

Von besonderem Interesse ist die Rolle der Frauen in diesem Verein. Bei der Gründung trugen sich keine Frauen ein, einige Wochen später waren es vier von 82 Mitgliedern. Aber in der Folgezeit wurden spezielle Seminare für die Töchter von Vereinsmitgliedern angeboten, in denen sie über „Hauptkonservierungsarten, die für jeden Haushalt große praktische Bedeutung haben", aufgeklärt wurden. Da die jungen Frauen sich diesem Unterricht offensichtlich mit großem Eifer und Erfolg gewidmet haben, führt Aigner sie in seinem Bericht namentlich auf.

Diese Seminare verweisen auf eine spezifische Eigenart der bäuerlichen Ökonomie. Dass für die Bauersfrauen und -töchter eigene Schulungen eingerichtet wurden, hatte seinen besonderen Grund. In der bäuerlichen Ökonomie spielten die Obstbäume keine besondere Rolle.

Verwertungskurse

An der Staatl. Lehranstalt für Wein-, Obst- und Gartenbau Veitshöchheim bei Würzburg findet in der Zeit vom 30. Juni mit 4. Juli 1[illegible] für Frauen, Mädchen und sonstige Interessenten ein Obst- und Gemüseverwertungskurs statt; dabei findet auch das neuzeitliche Eindosen von Obst- und Gemüsekonserven sowie die Herstellung alkoholfreier Getränke, Säfte und Süßmöste entsprechende Berücksichtigung. Anmeldungen wollen baldmöglichst betätigt werden!

Die Verarbeitung und Konservierung der Obsternte war überwiegend eine Arbeit der Bauersfrauen und -töchter. Für sie wurden spezielle Kurse angeboten wie in dieser Notiz aus dem „Wegweiser im Obst- und Gartenbau" von 1930.

Man darf vermuten, dass es auch hier in Hohenpolding so gehandhabt wurde, wie es für andere Regionen genauer untersucht wurde: Die Sorge für die Obstbäume wurde den Frauen überlassen und die daraus erzielten Erträge standen ihnen dann, wie das „Eiergeld", als eine Art Taschengeld zur Verfügung: „Der Verkauf der kleinen Mengen steht historisch der Bäuerin zu, der größeren, wie Obstmostes, den Bauern."[4] Das wird der Hintergrund dafür sein, dass den Frauen bei der Ausbildung für die Obstbaumpflege besondere Aufmerksamkeit zugewendet wurde. Der Verein etablierte sich schnell, im Jahr darauf hatte er schon 600 Obstbäume gepflanzt und ein weiteres Jahr später wurde der Mostkeller in Hohenpolding als vereinseigener Mostkeller in Betrieb genommen. Der Verein florierte. 1913 wurden rund 5700 Liter Apfelwein gemostet; um 1915 konnten Obstüberschüsse in München verkauft werden; 1918 waren es 150 Zentner Äpfel und Birnen; zwischen 1909 und 1923 wurden rund 2700 Obstbäume gepflanzt.[5]

Korbinian Aigner ging seine Aufgaben mit Energie, Umsicht und offensichtlichem Erfolg an. In der einschlägigen Verbandszeitschrift, dem „Wegweiser im Obst- und Gartenbau", herausgegeben vom Bayerischen Landesverband für Obst- und Gartenbau, findet sich allerdings kein Hinweis auf die Vereinsgründung. Hier hat der Vorstand wohl die Mitteilung an die Redaktion versäumt. Denn normalerweise informiert die Zeitschrift regelmäßig über Vereinsgründungen. Fast allmonatlich werden in diesen Jahren in Bayern Obst- und Gartenbauvereine gegründet, die die gleichen typischen Merkmale aufweisen, die sich auch bei Aigners Gründung feststellen lassen. Es finden sich meist zwischen 30 und 40 Gründungsmitglieder zusammen – Aigners Verein im kleinen Hohenpolding gehörte also zu den größeren Neugründungen –, und oft waren Pfarrer und Lehrer bei der Gründung und als Vorstandsmitglieder beteiligt.

Dass der Theologiestudent Korbinian Aigner sich für den Obstbau engagierte, war also keineswegs ungewöhnlich. Die Beschäftigung katholischer Geistlicher mit Fragen der Landwirtschaft und Bodenkultur war weit verbreitet, und auch beim Aufbau des bäuerlichen Genossenschaftswesens waren Pfarrer von Anfang an aktiv in ihrem jeweiligen

„Der Sonntagsgottesdienst ist zu Ende" – eine Zeichnung Korbinian Aigners aus dem Gründungsbericht. Rechts die Scheune des Poldingerhofes, die 1914 abbrannte.

Die Verarbeitung des Obstes zu Most war eines der wichtigsten Verfahren zur Verwertung und Haltbarmachung. Für entsprechende Apparate wurde in den Fachzeitschriften früh geworben; hier ein Inserat aus dem „Wegweiser im Obst- und Gartenbau" von 1928

Der Obstbauverein Hohenpolding richtete als erster in Bayern auf Initiative des Vorsitzenden Korbinian Aigner eine vereinseigene Mostkelterei ein. Das Gebäude in der danach benannten „Kellerstraße" wird heute als Vereinsheim der Freiwilligen Feuerwehr genutzt.

lokalen Rahmen beteiligt.[6] Viele katholische Geistliche haben sich in diesen Jahrzehnten mit verschiedenen Aspekten der Landwirtschaft beschäftigt. Am berühmtesten wurde Sebastian Kneipp, dessen „Großes Kneippbuch" 1903 erschien.[7] Das kommt nicht von ungefähr. Denn wenn einerseits die Priesterausbildung in der Zeit nach dem Ersten Vatikanischen Konzil auf eine zunehmende Klerikalisierung des Priesterstandes abzielte, so gab es auf der anderen Seite eine Tradition, welche die Dorfpfarrer in das weltliche und wirtschaftliche Leben ihrer Gemeinde einband. So war es nicht abwegig, dass zur Priesterausbildung auch naturwissenschaftlicher Unterricht gehörte. Als das Lyzeum in Freising neu gegründet wurde, verfügte es neben chemischen und physikalischen Einrichtungen über eine eigene botanische Sammlung sowie über eine „wohlbepflanzte und gut gepflegte botanische Anlage".[8]

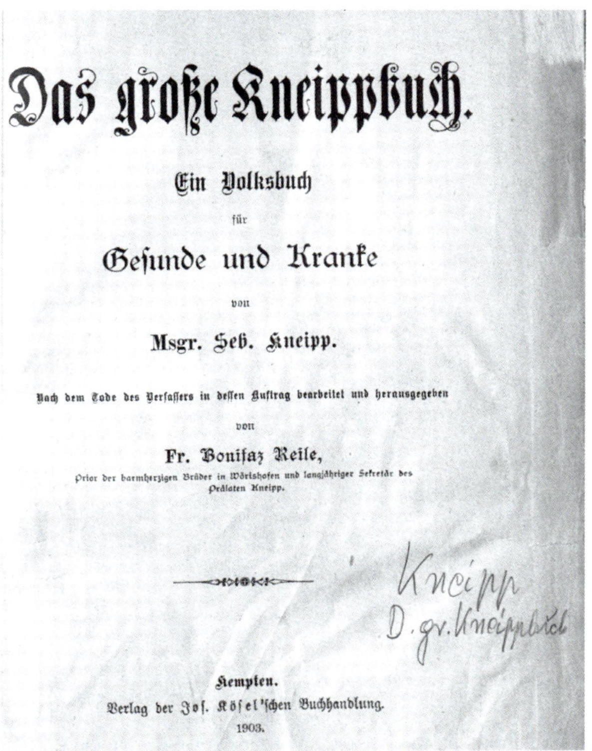

Das große Kneippbuch.

Ein Volksbuch

für

Gesunde und Kranke

von

Msgr. Seb. Kneipp.

Nach dem Tode des Verfassers in dessen Auftrag bearbeitet und herausgegeben

von

Fr. Bonifaz Reile,

Prior der barmherzigen Brüder in Wörishofen und langjähriger Sekretär des Prälaten Kneipp.

Kempten.

Verlag der Jos. Kösel'schen Buchhandlung.

1903.

Mit zahlreichen, bis in die Gegenwart erfolgreichen Büchern verbreitete Sebastian Kneipp seine Naturheillehre.

In der Praxis hat sich das so ausgewirkt, dass die katholischen Pfarrer wesentlich an innovativen Entwicklungen in der Landwirtschaft beteiligt waren.[9] Bereits um 1800 gab es starke, der Aufklärung verbundene Strömungen in der katholischen Kirche, die eine solche Weltzugewandtheit von den Geistlichen forderten. Der Wortführer dieser Strömung war Matthäus Fingerlos, zunächst Regens des erzbischöflichen Priesterseminars in Salzburg und später Direktor des Georgianums in Landshut. Fingerlos war selbst bäuerlicher Herkunft und forderte in seinen programmatischen Schriften zur Priesterausbildung vom Geistlichen auch „ökonomische Kenntnisse". Sie sollten es dem Pfarrer erlauben, seine Ge-

In den Jahrzehnten um 1900 gab es viele katholische Pfarrer, die sich intensiv mit der Natur beschäftigten; Korbinian Aigner stand bei Weitem nicht allein mit seinem Interesse. Weltweiten Ruhm erlangte der zuletzt in Wörishofen tätige Pfarrer Sebastian Kneipp (1821-1897).

meinde zu unterrichten und Verbesserungen einzuführen in „der Viehzucht, im Ackerbau, in Baum- [!] und Gartenfrüchten"; weiterhin solle er „schädliche Gebräuche tilgen, und so seinen Nutzen vermehren".[10] Diese aufklärerische Tradition sah in der Kirche weniger eine Heils- als eine Kultureinrichtung, die ihre Legitimität aus der Verbesserung der Sitten und der Lebensbedingungen der Menschen bezog.[11] Fingerlos war ein Mann der Aufklärung. Aber die Grundidee einer praktisch-ökonomischen Vorbildfunktion des katholischen Pfarrers blieb auch in der Folgezeit erhalten, als Fingerlos' Widerpart Johann Michael Sailer eine Reform der Priesterausbildung in Bayern realisierte.[12]

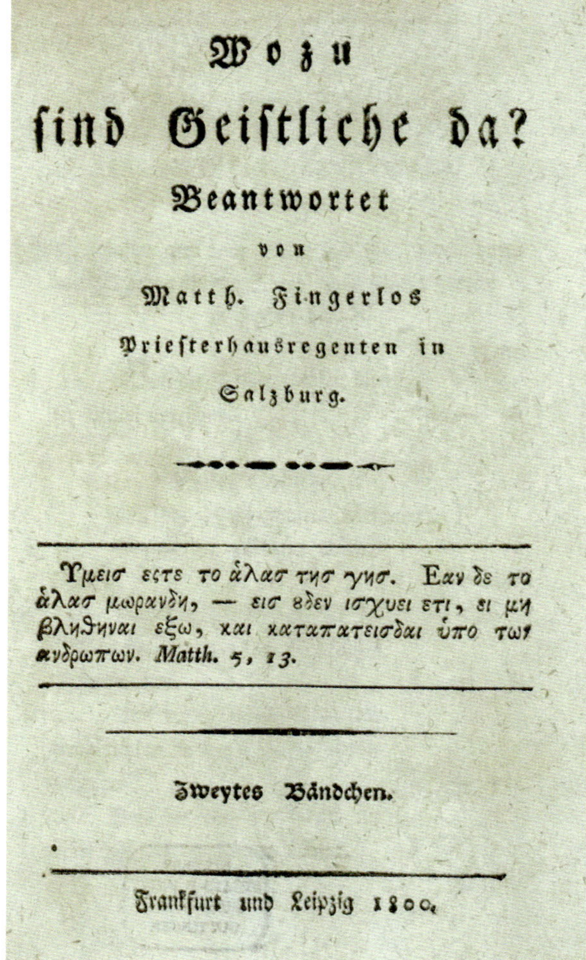

Wozu sind Geistliche da?

Beantwortet von Matth. Fingerlos Priesterhausregenten in Salzburg.

Υμεις εςε το άλας της γης. Εαν δε το άλας μωρανθη, — εις ουδεν ισχυει ετι, ει μη βληθηναι εξω, και καταπατεισθαι υπο των ανθρωπων. Matth. 5, 13.

Zweytes Bändchen.

Frankfurt und Leipzig 1800.

Matthäus Fingerlos (1748-1817), einer der wichtigsten Vertreter der aufklärerischen Theologie, schuf die Grundlagen für eine weltzugewandte Priesterausbildung.

Das Amt des bayerischen Dorfpfarrers war auf diese Weise eng mit der Lebenswelt seiner Gemeinde verbunden. Der Pfarrer musste die Alltagswirklichkeit kennen, wenn schon nicht an ihr teilnehmen, und es war jedenfalls nicht verfehlt, wenn er wenigstens mit seinem Rat zur Seite stehen konnte: Der Dorfpfarrer „stand im intensiven Kontakt zur Landbevölkerung", er „lebte nicht nur in ihrem Lebensraum, sondern sehr intensiv mit ihr".[13] Neben dem Apotheker und dem – bis in die 1920er Jahre hinein nicht akademisch ausgebildeten – Dorfschullehrer war er der Einzige in der dörflichen Gemeinschaft, der über eine höhere Bildung verfügte: „Der Pfarrer war also bis ins 20. Jahrhundert hinein auf dem Dorf nicht nur Seelsorger, sondern zugleich eine gewichtige Person des wirtschaftlichen und sozialen Lebens."[14] Mit steigender allgemeiner Bildung verloren die Pfarrer ihr Bildungsmonopol in den dörflichen Regionen und zogen sich mehr und mehr auf ihre eigentlichen geistlichen Funktionen zurück.[15]

Wenn der junge katholische Priesteranwärter Korbinian Aigner sich in seinem Studium der Pomologie zuwendet, sind es also eng verbundene Sphären, die hier miteinander in Berührung kommen. In der geistlichen Welt hatte man eine klare Vorstellung vom Wert des eigenen Gartens, die in der jahrhundertealten Tradition der Klostergärten ihr Vorbild und ihre praktische Umsetzung gefunden hat: „In der Nachfolge der Klostergärten wurde nun der Pfarrgarten zum großen Vorbild für den Obst- und Gemüseanbau. Dementsprechend übernahmen Pfarrer oft den Vorsitz in Obst- und Gartenbauvereinen. [...] Diese Initiativen wurden von den kirchlichen und staatlichen Behörden gleichermaßen gefördert, so wurden noch in der Zwischenkriegszeit Obstbaukurse speziell für Geistliche angeboten."[16] Korbinian Aigner fügte sich mit seinem pomologischen Engagement einerseits also in eine etablierte Tradition ein, die andererseits aber ihren Zenit schon überschritten hatte.

Das große Zeitalter der Pomologie, der Lehre von den Obstsorten und vom Obstbau, war das 19. Jahrhundert gewesen.[17] Die hier entwickelten Ansätze zielten darauf, den Liebhaber- und Selbstversorgerobstbau zu systematisieren und dabei naturkundliches Wissen zu verbreiten; zum guten Teil bleibt die Pomologie aber eine bloße Liebhaberbeschäftigung. Die Obstzucht hat schon früh ihr eigenes Vereinswesen hervorgebracht. Dessen Wurzeln reichen bis in die späte Aufklärung zurück. Bereits zum Ende des 18. Jahrhunderts wurden die ersten Obstbauvereine gegründet. Es war dies eine Liebhaberbeschäftigung bürgerlicher Kreise, die nicht auf den Verzehr oder gar ökonomischen Gewinn ausgerichtet war, sondern eher spielerisch-ästhetischen Charakter hatte.

In der Adelsgesellschaft des 18. und 19. Jahrhunderts war Obst ein Statussymbol. Adlige, die es sich leisten konnten, bauten sich eigene Orangerien, beheizbare gläserne Gewächshäuser, in denen Pomeranzen, das sind kleine Bitterorangen, und andere Südfrüchte heranreiften, die bei besonderen Gelegenheiten dann auf den Tisch kamen. In seiner Novelle „Mozart auf der Reise nach Prag" von 1855 schildert Eduard Mörike eine kleine, erfundene Episode, in der der im Jahre 1787 durchreisende Mozart sich in einer fremden Orangerie niederlässt, gedankenverloren die letzte Pomeranze verspeist, damit einen kleinen Skandal auslöst und vom Gärtner zur Rede gestellt wird: „,Mein Herr, ich glaube, was ich sehe. Diese Früchte sind gezählt, ich bin dafür verantwortlich. Der Baum ist vom Herrn Grafen zu einem Fest bestimmt, soeben soll er weggebracht werden. Ich lasse Sie nicht fort, ehbevor ich die Sache gemeldet und Sie mir selbst bezeugten, wie das da zugegangen ist.“[18]

Im 19. Jahrhundert kommt diese Tradition der Orangerien zu einem schnellen Ende; die Welt des Adels, des Höfischen und des Feudalen ging zu Ende, und ihre Kultur der Naturbezwingung und –unterwerfung stieß zunehmend auf Misstrauen. Einen solchen Aufwand einer eigenen Orangerie konnte und wollte das Bürgertum mit seiner eigenen Obstzucht nicht betreiben, aber die Ziele waren im Kern doch die gleichen: Am Ende ging es auch hier um einen Prestigewettbewerb, in dem entschieden wurde, wer die schönsten oder bizarrsten Leistungen in der Obstzucht erbringen konnte.

POMOLOGIA,
das ist
Beschreibungen und Abbildungen
der besten Sorten
der
Aepfel und Birnen,
welche
in Holland / Deutschland / Franckreich / Engeland und anderwärts in Achtung stehen, und deswegen gebauet werden.

Beschrieben, nach dem Leben abgebildet und mit ihren natürlichen Farben erleuchtet,
von
Johann Hermann Knoop,
Hortulanus (in tempore,) Mathematicus et Scientiarum Amator.

Aus dem Holländischen in das Deutsche übersetzet/
von
D. Georg Leonhart Huth.

Nürnberg,
verlegts Johann Michael Seligmann.
Anno 1760.

Auch im 18. Jahrhundert gab es bereits umfangreiche pomologische Darstellungen.

Natürlich geht die Obstzucht, auch die systematische, sehr viel weiter zurück. Bereits im 17. und 18. Jahrhundert ließen einige rührige Landesherren, allen voran die in Baden, Württemberg und Preußen, Baumschulen anlegen und förderten durch staatliche Maßnahmen den Obstanbau in ihren Territorien.[19] Der Anbau von Obstbäumen in Europa und auch Obsthandel auf den städtischen Märkten lässt sich noch weiter, zumindest bis ins 15. Jahrhundert, zurückverfolgen. Diese Obstbaukultur wird von entsprechender Ratgeberliteratur begleitet, in der der Apfel je nach wirtschaftlicher Lage mal mehr und mal weniger auch als Lebensmittel empfohlen und genutzt wird.[20] Neue Aufmerksamkeit erzielt der Obstbau in Deutschland nach Jahrzehnten des Desinteresses durch die pomologische Bewegung um die Mitte des 19. Jahrhunderts. Ihr Interesse galt allerdings weniger dem Obst als Nahrungsmittel. Sie widmete sich vielmehr vorwiegend der „Klärung der Sortenfrage" und blieb eine Liebhaberbeschäftigung von Einzelpersonen.[21] 1860 wurde aus dieser Liebhaberbewegung heraus der „Deutsche Pomologen-Verein" gegründet. Sein Ziel war in erster Linie die Erfassung und Systematisierung der vorhandenen Obstsorten. Hinzu kamen eine eigene Zeitschrift, Lehr- und Bestimmungsbücher sowie Anbauempfehlungen, bei denen in späteren Jahrzehnten zunehmend stärker wirtschaftliche Gesichtspunkte eine Rolle spielten.[22]

Eine besondere Leistung des Vereins war die Edition des „Illustrirten Handbuchs der Obstkunde" mit zunächst acht Bänden und späteren Supplementbänden. Das Werk wurde seit 1859 von Johann Georg Conrad Oberdieck, Eduard Lucas und Friedrich Jahn herausgegeben; der letzte Ergänzungsband erschien 1883. Insgesamt beschreibt es 13 Obstarten mit weit über 2500 Sorten. Die

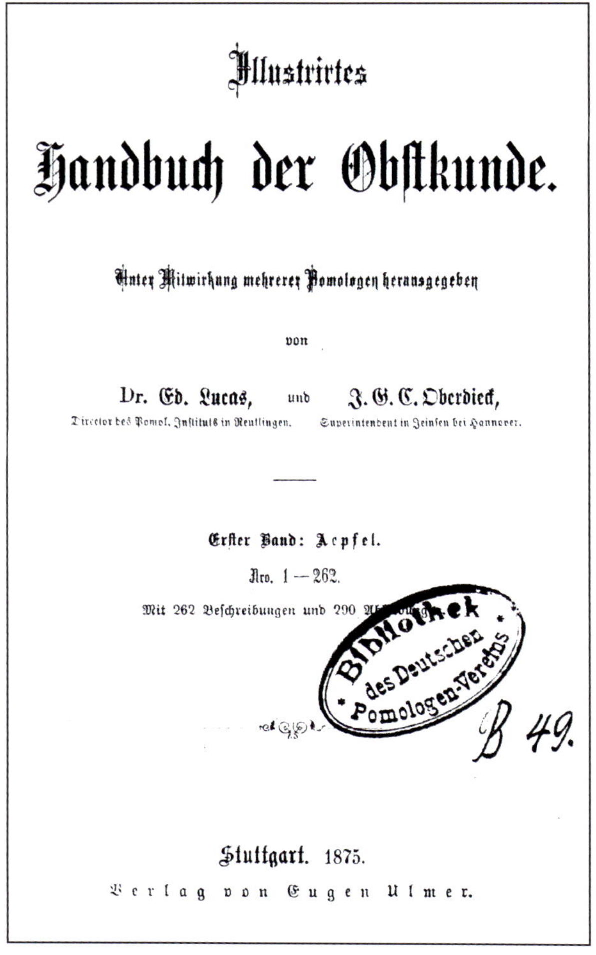
Illustrirtes

Handbuch der Obstkunde.

Unter Mitwirkung mehrerer Pomologen herausgegeben

von

Dr. Ed. Lucas, und J. G. C. Oberdieck,

Director des Pomol. Instituts in Reutlingen. Superintendent in Jeinsen bei Hannover.

Erster Band: Aepfel.

Nro. 1 — 262.

Mit 262 Beschreibungen und 290

Stuttgart. 1875.

Verlag von Eugen Ulmer.

Das große „Illustrirte Handbuch der Obstkunde" von Eduard Lucas (1816-1882) und Johann Georg Conrad Oberdieck (1794-1880) erscheint von 1885 bis 1886 in 15 Bänden und sammelt das pomologische Wissen des 19. Jahrhunderts.

Herausgeber dieses Riesenwerks hatten bereits 1855 die „Monatsschrift für Pomologie und praktischen Obstbau" begründet. Die Pomologiebewegung sah ihre Aufgabe in der Sortenbestimmung und -klassifizierung und in der empfehlenden Beratung der Obstzüchter.[23]

Aber die weitere Entwicklung des Obstbaus entfernt sich immer mehr von den alten pomologischen Interessenlagen. Das 20. Jahrhundert stellte in seiner Transformation zum Erwerbsobstbau ganz andere Anforderungen, denen die klassische Pomologie nicht gerecht werden konnte. Der Jahrgang 1908

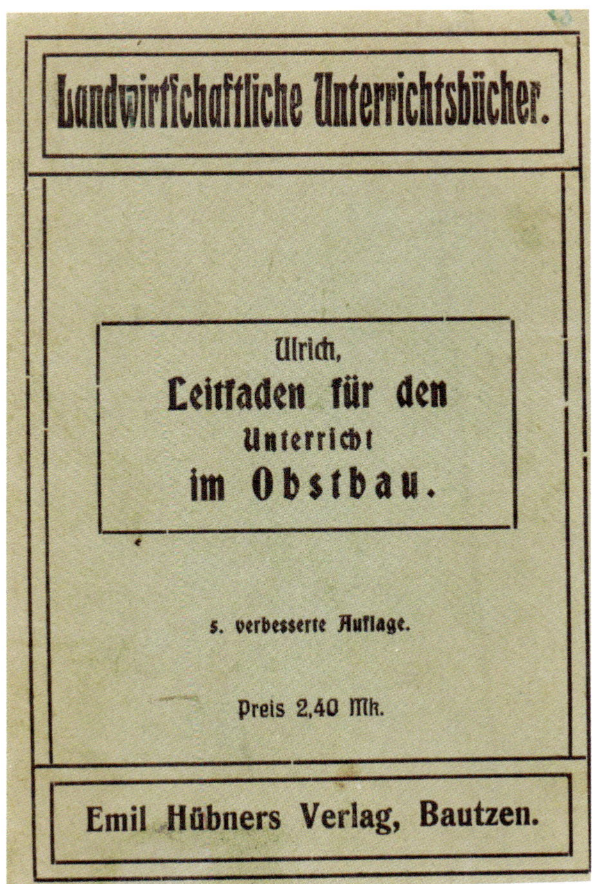

Landwirtschaftliche Unterrichtsbücher.

Ulrich,
Leitfaden für den Unterricht im Obstbau.

5. verbesserte Auflage.

Preis 2,40 Mk.

Emil Hübners Verlag, Bautzen.

Um 1900 intensiviert sich die systematische Ausbildung von Obstbaugärtnern und bringt eine entsprechende Lehrliteratur hervor.

– dem Gründungsjahr von Korbinian Aigners Obstbauverein – der vom Deutschen Pomologenverband herausgegebenen „Deutschen Obstbauzeitung" gibt einen Einblick in die Situation des Obstbaus in dieser Zeit. Die auseinanderstrebenden Entwicklungen von Liebhaber-Pomologie und Erwerbsobstbau sind unverkennbar. Auf der einen Seite finden sich viele praktische, auch juristische Tipps für den individuell angelegten Obstgarten, für den Baumschnitt, nützliche Geräte, für Lagerung und Keltern, Maßnahmen gegen Krankheiten. Auch das Vereinswesen inklusive der dazugehörigen Streitigkeiten wird breit dokumentiert. Auf der anderen Seite stehen Informationen zum erwerbsmäßigen Obstbau. Gleich der erste Artikel des Jahrgangs beginnt mit einer programmatischen Ansage:

„Erwerbsobstbau ist die Losung der Gegenwart! Ueberall ist das Ziel auf Massenerzeugung guten Wirtschaftsobstes und auch Tafelobstes gerichtet. Unter dem gebräuchlichen Namen ‚Tafelobst' wird gewöhnlich eine Qualität verstanden, für welche man im Verkauf 20 bis 30 Mark, höchstens 35 bis 40 Mark bekommt."[24]

Den wirtschaftlichen Aspekten des Obstbaus widmete die Zeitschrift viel Raum. Dazu gehören nicht nur Hinweise für die Obstvermarktung im großen Stil und deren praktische Probleme; auch die größeren Zusammenhänge werden erörtert. Die Konkurrenz der französischen Obstbauern mit ihren feineren Sorten wird diskutiert, und vor allem gilt der Blick dem amerikanischen Obstexport, der offensichtlich eine ernsthafte Konkurrenz für den heimischen Obstbau darstellt. Das bleibt ein jahrzehntelang diskutiertes Thema: Auch die Obstbauern des beginnenden 20. Jahrhunderts litten schon unter der Globalisierung. Der junge Regensburger „Kreiswanderlehrer für Obstbau und Bienenzucht bei der Kgl. Regierung der Oberpfalz", Rudolf Trenkle, der später eine große Karriere im bayerischen Obstbauwesen als Landwirtschafts-

An den Sammel- und Packstellen – hier im mittelfränkischen Uffenheim – wird das Obst sortenweise für den Versand vorbereitet; die Abbildung findet sich im „Wegweiser im Obst- und Gartenbau" vom 27. April 1930.

Die tagsüber geernteten Obstmengen werden von den Erzeugern einzeln oder in Sammelfuhren zum Markt angefahren.

Fast durchweg ist der 20-Pfd.-Spankorb als Einheitsverpackung in Gebrauch. Jedenfalls gelangt das Obst nur in ihm zum Verkauf.

Für die Gewichtsfeststellung der einzelnen Anlieferungen hat eine Schnellwaage die bisher gebräuchliche Dezimalwaage ersetzt.

Vom Handel abgenommene Obstmengen gelangen unmittelbar zur Verladung. Immer wieder: Einheitspackung, Standardware, Einheitsbehandlung!

Die Ökonomisierung des Erwerbsobstbaus erfordert eine zunehmende Standardisierung der Abläufe auch nach der Ernte: Das Obst wird zu Sammelstellen gebracht, verpackt, gewogen und direkt verkauft oder versandt. Hier eine Abbildung aus dem „Wegweiser im Obst-und Gartenbau" vom 3. August 1930.

rat, Oberregierungsrat und Vorsitzender des bayerischen Obst- und Gartenbauverbandes machen wird, erörtert die Frage des „Obstabsatzes unter besonderer Berücksichtigung des Frühobsthandels",[26] und an anderer Stelle wird die interessante Frage aufgeworfen: „Wie behandele ich Obstkunden?"

Bemerkenswert ist schließlich ein Artikel des Aachener Botanikers Prof. Arwed L. Wieler, der sich als einer der ersten Wissenschaftler mit den Auswirkungen der Umweltverschmutzung auf die Vegetation beschäftigte. In seinem Artikel von 1908 untersucht er die Emissionen des zunehmenden Verkehrs, die Industrialisierung und die Urbanisierung im Hinblick auf die Vegetationsschädigung.[25] Auch das ist also ein altes Thema. Kurz: In diesen Jahren kann man die Heraufkunft eines neuen Erwerbszweigs in statu nascendi beobachten. Er folgt ganz anderen Kriterien als der Obstbau der vorangegangenen Jahrhunderte. Der Erwerbsobstbau stellte betriebswirtschaftliche Aspekte in den Vordergrund;

interessant wurden jetzt Fragen der Lager- und Transportfähigkeit, des Vitamingehalts, die Anfälligkeit gegen Schädlinge und Krankheit, Standortanforderungen, Ernteaufwand.[26]

Der Unterschied zwischen Erwerbs- und Liebhaberobstbau vertieft sich; in diesem spielen die „Sortenvielfalt und die Baumformen eine sehr viel größere Rolle als die Rentabilität".[27] Bereits vor dem Ersten Weltkrieg gab es Bestrebungen, den Obstbau als einen eigenen landwirtschaftlichen Erwerbszweig zu etablieren. Den Bauern wurde mit Beispielrechnungen angeraten, sich auf diese Einnahmequelle zu konzentrieren; eine Witwe habe „von 17 Bäumen über 500 Mk." erlöst, ein Obstzüchter im Hunsrück gar 6000 Mk, versichert ein zeitgenössischer Autor.[28] Es dauert aber seine Zeit, bis sich der gewerbliche Obstbau, nicht zuletzt dank energischer staatlicher Förderung, etabliert. Eine entscheidende Phase in der Obstbaugeschichte sind die Jahre um 1900. In dieser Zeit setzt die Ausdifferenzierung zwischen Erwerbs- und Hausobstbau ein, gefördert durch gesetzliche Regeln, zu deren ersten das „Landwirtschaftskammergesetz" von 1894 gehört.

Diesen Entwicklungen folgend, änderte der „Deutsche Pomologen-Verein" 1919 seinen Namen und seine Ausrichtung: Aus dem Liebhaberverein der deutschen Pomologen wurde die „Deutsche Obstbau-Gesellschaft", die sich als Interessenvertretung der Erwerbsobstbauern verstand.[29] Diese Wendung in der Namensgebung und Interessenausrichtung verbindet sich organisch mit der Entwicklung, die der Obstbau im ausgehenden 19. Jahrhundert genommen hatte. Denn in den letzten Jahrzehnten des Jahrhunderts setzt sich langsam die Einsicht durch, dass die heimischen Obstsorten ein wertvolles Lebensmittel sein könnten.

In ländlichen Regionen wurde bis dahin kaum systematischer Obstbau betrieben. Bauernhöfe hielten sich allerdings fast immer eigene Obstbäume, die wesentlich der Selbstversorgung dienten. In geringen Mengen wurde das Obst durch Dörren oder Einmachen für den Winter haltbar gemacht. In der bäuerlichen Wirtschaft zu Beginn des 20. Jahrhunderts ist der Obstbau ein kleiner Nebenzweig, mit dem eine „rentable Ausnützung des Bodens" erzielt werden soll. Wegen des Transport- und Lageraufwands wird das Obst überwiegend genutzt, um das „Bedürfnis nach einem billigen Haustrunk" zu befriedigen, nicht nur für den Eigenbedarf, sondern auch für den Verkauf in kleineren Mengen, der meist der Bäuerin zugute kam. Dafür werden keine feineren Obstsorten benötigt; es reichen die Mostobstarten Äpfel und Birnen.[30]

Dass Äpfel auch im 19. Jahrhundert selbst in bäuerlichen Regionen noch eine Besonderheit waren, lässt sich gelegentlich autobiographischen Erinnerungen oder literarischen Werken entnehmen. Der 1843 geborene Steiermärker Peter Rosegger erzählt von einer in den 1850er Jahren unternommenen Wanderung durch die Oststeiermark, einer der frühesten Regionen mit gewerbsmäßigem Obstbau: „Gegen Abend kamen wir gegen das weltfremde Puch. Die Gegend war fast unheimlich vor lauter Herrlichkeit. Hin und hin lange Strecken waren wir sozusagen eingewölbt von Äpfeln, Birnen und Zwetschgen, die über uns auf den Bäumen hingen."[31] Auch in Roseggers Kindheitserinnerungen erscheinen die Äpfel noch in rückblickender Verklärung: „Wir zeigten einander unsere Schätze: Äpfel, Nüsse, Lebkuchen, Obstbrot und dergleichen, und betrieben untereinander einen schwunghaften Tauschhandel."[32] Diese Zeit war noch sehr weit entfernt vom EU-Schulobst- und -gemüseprogramm, mit dem deutschen Grundschülern des 21. Jahrhunderts der Verzehr von Obst wieder nahegebracht werden soll.

Im Laufe der weiteren Entwicklungen wurde Obst zusehends mehr zu einem Handelsartikel. Dabei spielten verschiedene Faktoren zusammen. Die Bevölkerungsballungen in den Städten führten zu einem erhöhten Lebensmittelbedarf, zu dem nun auch das vorher kaum als Lebensmittel in Betracht gezogene Obst gehörte. Die Verbesserung der Verkehrsinfrastruktur, insbesondere der Eisenbahnbau, erleichterte den Transport, und die obstverarbeitende Industrie gewann stark an Bedeutung.[33] Diese Entstehung eines nationalen und internationalen Obstmarktes wurde begleitet von zahlreichen infrastrukturellen Entwicklungen – über neue Ernte-, Lager-, Verpackungs- und Transporttechniken bis hin zu gesetzlichen Maßnahmen wie etwa der Einführung von Schutzzöllen.[34]

Das zunehmende Interesse am Obstbau in Bayern spiegelt sich in den beiden Denkschriften des Landwirtschaftlichen Vereins in Bayern von 1860 und 1890. Der 1810 gegründete Landwirtschaftliche Verein in Bayern organisiert und koordiniert die landwirtschaftliche Entwicklung in Bayern und vergisst dabei auch den Obstbau nicht: „Die Hebung der Obstbaumzucht, wozu hauptsächlich die bedeutenden Baumschulen zu Weihenstephan, Triesdorf und Cadolzburg wirken, ward in mehreren Kreisen ganz besonders angestrebt, und zwar in Oberbayern durch die Aussendung von Wandergärtnern auf Kosten des Vereins und nachdem diese auch in Mittelfranken und Schwaben versuchte Einrichtung nach mehrfachen recht günstigen Erfolgen auf Schwierigkeiten gestoßen war, durch die Gründung von Bezirksbaumschulen, deren Oberbayern bereits sechs zählt."[35] Daneben wurden auch die Einrichtung von Schulgärten und der landwirtschaftliche Schulunterricht gefördert. Gemäß der Denkschrift von 1890 gab es 1878 in Bayern 4 727 232 Apfelbäume, 3 033 296 Birnbäume, 8 068 970 Zwetschgenbäume.[36]

Eine systematische Nutzung dieses Bestandes gab es allerdings nicht. Der Bestand basierte im Wesentlichen auf Wildwuchs, klare Vorstellungen und praktische Bemühungen, ihn zu pflegen und zu veredeln, setzten sich erst langsam durch. Das führte zu einem unkontrollierten „Sortenwirrwarr", der die praktische Nutzung der Obstbaumbestände eher hemmte als förderte – ein Problem, das den Obstbau bis in die zweite Hälfte des 20. Jahrhunderts maßgeblich beschäftigte.[37] Bereits Mitte des 19. Jahrhunderts beginnt man mit der Sortenreduzierung, bleibt aber erfolglos, nicht nur wegen des Liebhaberobstbaus, der gerade auf Sortenvielfalt zielt, sondern auch wegen der Förderung von Lokalsorten, die für die jeweiligen Standorte als besonders wirtschaftlich angesehen wurden. Mehrmals gab es Listen, die zwischen 10 und knapp 40 Apfelsorten als unter ökonomischen Gesichtspunkten besonders geeignet empfohlen haben.[38]

Auf diese Situation reagierten die pomologischen Vereine schon früh. Sie entwickelten einerseits Typologien des vorhandenen Bestandes und erarbeiteten und verbreiteten andererseits das Wissen um die Veredelung und die Pflege, besonders den Baumschnitt, von Obstbaumkulturen. Diese Bemühungen bildeten schnell eine eigene Struktur heraus. Es gab bald eine ganze Reihe von Standardwerken ebenso wie von volkstümlichen Ratgebern, in denen dieses Wissen erfasst und kanalisiert wurde. Aber das Deutschland des 19. Jahrhunderts war ein „Volk ohne Buch".[39] Mit gedruckten Ratgebern ließ sich die bäuerliche Bevölkerung kaum erreichen, die ohnehin diesen Neuerungen mit großer Reserve gegenüberstand.

Für den Amtsbezirk Erlangen ist ein

Bezirksbaumwart

im Hauptberuf

mit einem Gehalte von 1000 Mk. u. Nebenbezügen zu 150 - 200 Mk. aufzustellen. Bewerber, welche in Obst- und Gartenbau längere Zeit praktisch tätig waren, eine Fachschule mit gutem Erfolge besucht haben und befähigt sind, Vorträge und praktische Übungen im Obst- und Gartenbau zu halten, wollen ihre Gesuche mit Zeugnisabschriften bis 15. Dezember hieramts einreichen.

Erlangen, den 13. November 1908.

Königl. Bezirksamt.

Im „Wegweiser im Obst- und Gartenbau" von 1908 findet sich diese Stellenanzeige für einen hauptamtlichen „Baumwärter".

So entstand ein Konzept zur mündlichen Verbreitung des Obstkulturwissens. Bereits im 18. Jahrhundert gibt es erste Ansätze eines Baumwartwesens zur Beratung der Landbevölkerung.[40]

In Bayern entstand in den 1850er Jahren die Institution der „Obstbauwanderlehrer", die in staatlichem Auftrag bestimmte Regionen bereisten, beratend tätig waren und öffentliche Vorträge hielten.[41] Ihre Aufgabe war es, alljährlich „im Frühjahre und im Herbste ihre Bezirke zu bereisen". Damit sollten sie sich zunächst selbst einen Überblick über die obstbaulichen Gegebenheiten in ihrem „Rayon" verschaffen. Zugleich sollten sie darauf hinwirken, dass nur geeignetes Obstbaummaterial angepflanzt und die Bevölkerung über Ernte- und Aufbewahrungstechniken sowie über Verwertungs- und Absatzmöglichkeiten informiert wurde. Der Umgang mit den „Herren Pfarrern, Lehrern und Bürgermeistern" wird ihnen besonders ans Herz gelegt. In den 1890er Jahren war für den Bezirk Erding der Oberbaumschullehrer Schimabeck aus Weihenstephan amtlich zuständig.[42] Die Wanderlehrer suchen den „unmittelbaren Verkehr mit den Vorständen der Distriktsverwaltungsbehörden, der landwirthschaftlichen Bezirkscomités, mit der Obstbausektion, dem Pfarrer, Lehrer, Bürgermeister, Distriktstechniker, Distriktsstraßenwärter, Distriktsbaumwärter. Sie haben die Interessenten betraut zu machen mit den für das jeweilige Klima, die Boden-Verhältnisse etc. passenden Obstsorten, der Pflege des Obstbaumes der Obsternte, der Aufbewahrung und Verwerthung des Obstes."[43]

Korbinian Aigner folgte noch den Pfaden der alten Pomologie. Nach seiner Gründung des Obstbauvereins in Hohenpolding wurde er schnell eine wichtige Figur im Obst- und Gartenbauvereinswesen seiner Region. Soweit sich das sagen lässt, hat Aigner wohl das Gleiche gemacht wie die Pomologengenerationen vor ihm: Er hat das Vereinswesen organisiert, er hat die Bauern beraten, er hat sich Wissen angeeignet und in Vorträgen weitergegeben. Seine Aktivitäten in dieser Beziehung sind schlecht dokumentiert, aber wie es aussieht, haben sie seiner priesterlichen Profession die Waage gehalten. Jedenfalls findet sich in den alljährlichen Beurteilungsschreiben seiner jeweiligen kirchlichen Dienstherren der wiederkehrende Hinweis, dass er sich mehr der Pomologie als der Seelsorge widme.

1 Aigner, Klerus und Obstbau, S. 64.
2 Voss, Einleitung, S. 6.
3 Das Dokument ist erhalten und befindet sich im Besitz der Erben Korbinian Aigners.
4 Bidlingmaier, Die Bäuerin in zwei Gemeinden Württembergs, S. 31.
5 Götz, 90 Jahre Obst- und Gartenbauverein Hohenpolding, s.p. [S. 2].
6 Schmid, Weltklerus, S. 337.
7 Ebd., S. 333.
8 Punkes, Freisings höhere Lehranstalten zur Heranbildung von Geistlichen, S. 73.
9 Schmid, Weltklerus, S. 335.
10 Fingerlos, Wozu sind Geistliche da?, S. 121.
11 Vgl. Knoll, Glaube zwischen Herrschaftsordnung und Heilserwartung, S. 209.
12 Zu den Konflikten zwischen Sailer und Fingerlos bald nach dessen Ankunft in Landshut vgl. Marquart, Matthäus Fingerlos (1748-1817), S. 156-172.
13 Schmid, Weltklerus, S. 326f.
14 Ebd., S. 338.
15 Forstner, Priester in Zeiten des Umbruchs, S. 291f.
16 Schmid, Weltklerus, S. 332.
17 Böge, Äpfel, S. 50f.
18 Mörike, Mozart auf der Reise nach Prag, S. 180.
19 Landwehr, Nachwort, S. 222.
20 Liebster, Obstbau, S. 143f.
21 Böge, Äpfel, S. 39-46.
22 Lott, Der historische Obstbau in Deutschland I, S. 3.
23 Ebd., S. 11-13.
24 Ebd., S. 17.
25 Wagner, Gewinnbringende Feinobstzucht, S. 3.
26 Trenkle, Ein Beitrag zur Frage des Obstabsatzes, S. 347-351.
27 Wieler, Die Beschädigung der Vegetation durch saure Rauchgase, S. 363-366.
28 Liebster, Obstbau, S. 157.
29 Böge, Äpfel, S. 81.
30 Ulrich, Leitfaden für den Unterricht im Obstbau, S. 3.
31 Liebster, Obstbau, S. 191.
32 Bidlingmaier, Die Bäuerin in zwei Gemeinden Württembergs, S. 31f.
33 Rosegger, Der Guckinsleben, S. 570.
34 Ebd., S. 577.
35 Lott, Der historische Obstbau in Deutschland I , S. 112f.
36 Böge, Äpfel, S. 60-63; Lott, Der historische Obstbau in Deutschland I, S. 112-123.
37 Die Landwirtschaft in Bayern. Denkschrift 1860, S. 71.
38 Die Landwirtschaft in Bayern. Denkschrift 1890, S. 284.
39 Liebster, Obstbau, S. 146; S. 151.
40 Böge, Äpfel, S. 95-98.
41 Schenda, Volk ohne Buch, S. 441-495.
42 Liebster, Obstbau, S. 198.
43 Lott, Der historische Obstbau in Deutschland I, S. 42f.
44 Der Wanderunterricht für Obstbau in Oberbayern, S. 362f.
45 Die Landwirtschaft in Bayern. Denkschrift 1890, S. 286.

Wanderjahre: Von Ilmmünster nach Hohenbercha

In der Pfarrkirche St. Arsatius von Ilmmünster begann Korbinian Aigner im Jahre 1911 als Koadjutor seine geistliche Laufbahn.

In seinem geistlichen Beruf ist der geweihte Priester Korbinian Aigner nur langsam vorwärtsgekommen. Schon das Abgangszeugnis in Freising war nicht das Beste, und auch spätere Beurteilungen sind eher verhalten. Nach der Priesterweihe absolviert Aigner die übliche Laufbahn in seiner Kirche, indem er in verschiedenen Pfarrgemeinden als Hilfsgeistlicher wirkt.[1] Seinen Berufsweg beginnt er am 19. Juli 1911 als Koadjutor in Ilmmünster, einer kleinen Gemeinde im Landkreis Pfaffenhofen, von deren großer Vergangenheit die Basilika St. Arsatius aus dem frühen 13. Jahrhundert zeugt. Als Koadjutor hatte er die Aufgaben eines Pfarrgehilfen, der vertretungsweise die Aufgaben eines Pfarrers wahrnehmen kann. Im September 1912 wird er zum Erzbischöflichen Seminar im benachbarten Benediktinerkloster Scheyern versetzt. Der Abt Rupert Metzenleitner hatte ihn in Ilmmünster kennengelernt und die Versetzung nach Scheyern erbeten. Das Kloster Scheyern ist eine traditionsreiche Einrichtung, deren Anfänge bis in das 12. Jahrhundert zurückreichen. Nach der Aufhebung im Zuge der Säkularisation wurde es 1838 wieder neu errichtet. 1860 kam das erzbischöfliche Knabenseminar hinzu, allerdings nur die ersten Klassen. Für den Besuch der höheren Klassen mussten die Schüler dann nach Freising wechseln. Korbinian Aigner unterrichtete hier von 1912 bis 1916 als Lehrer für Turnen und Zeichnen und beaufsichtigte als II. Präfekt die Schüler in ihrer Freizeit. Zeitzeugen erinnern sich, dass er „ein ausgezeichneter Lehrer“ war, „der mutig neue Wege beschritt, wenn er es für notwendig hielt. So wich er beim Zeichnen von der früheren Methode des reinen Abzeichnens von Bildern ab und leitete die Schüler an, die Natur zu beobachten und Vögel, Blätter und Früchte zu skizzieren und zu malen.“[2]

Die Zeit in Scheyern endet 1916; im Oktober dieses Jahres tritt er eine Stelle als Koadjutor und später als Vikar in Grafing an, 1921 wird er Kooperator in Haimhausen, es folgt ein kurzes Intermezzo in Söllhuben am Simssee, anschließend wurde Korbinian Aigner nach Dorfen versetzt.

Ingolstadt
Bistum
Regensburg
Pfaffenhofen
Kloster Scheyern
Aichach
Ilmmünster
Landshut
Bistum
Passau
Hohen-
bercha
Freising
Hohenpolding
Sittenbach
Haim-
hausen
Erding
Dorfen
Mühldorf
Dachau
Bistum
Augsburg
Fürsten-
feldbruck
Burghausen
MÜNCHEN
Grafing
Bistum
Linz
Wasserburg
Wolfratshausen
Söllhuben
Laufen
Bad Aibling
Rosenheim
Traunstein
SALZBURG
Miesbach
Bad Tölz
Berchtes-
gaden
Garmisch
Partenkirchen
Erzbistum
Salzburg
Bistum
Innsbruck
Grenze des Erzbistums München und Freising
Gebiet des Regierungsbezirks Oberbayern (1939)

In der mächtigen Klosteranlage der Benediktinerabtei Scheyern war Korbinian Aigner von 1912 bis 1916 im Knabenseminar als Turn- und Zeichenlehrer sowie als II. Präfekt tätig.

Diese häufigen Versetzungen sind nichts Ungewöhnliches in der Laufbahn eines bayerischen Hilfsgeistlichen dieser Jahrzehnte. Bei Korbinian Aigner aber zeigen die Akten, dass sein priesterlicher Berufsweg nicht ganz friktionslos verlaufen ist. 1931 formuliert sein Dorfener Vorgesetzter Pfarrer Franz Seraph Maier eine Rüge des sittlichen Betragens, das der Koadjutor an den Tag gelegt habe. Diese Kritik gehört zur Aigner-Legende ebenso wie zur Aigner-Biographie. Bereits in der Pfarrei Haimhausen beklagte sich der Pfarrer Adolf Dollmann über seinen Koadjutor. 1924 findet sich in der „Qualifikationsnote“

Das Verhältnis des Haimhausener Pfarrherrn zu seinem Hilfsgeistlichen Korbinian Aigner war recht angespannt. Im Rückblick erinnert sich die Pfarrgemeinde aber dankbar ihres „Apfelpfarrers“. Zu seinem 125. Geburtstag errichtete sie im Garten des Pfarrhauses diese Gedenktafel und pflanzte 500 Korbiniansapfelbäume auf dem Gebiet der Pfarrgemeinde.

Aigner Korbinian

Sohn eines Bauern aus Hohenpolding

geboren am 11. Mai 1885

zum Priester geweiht am 29. Juni 1911.

Allgemeine Seelsorgsqualifikations-Note:

II – III

Predigt	Ausarbeitung	II	Geistige Begabung	mittelmäßig
	Vortrag	II – III	Eifer	mittelmäßig
Liturgie	Kenntnisse	II – I	Kenntnisse	zur Not genügend
	Ausübung	II – I	Körperliche Beschaffenheit:	
Katechese	Ausarbeitung	II – I		mittelgroß
	Vortrag	II – I		gesund
				mittelkräftig
Choralgesang	Anlagen	III		
	Leistungen	III		

Allgemeine Bemerkungen: Leicht im Wissen u. ziemlich oberflächlich im Charakter, wird er sich sehr auf Pflichtbewußtsein und Vertiefung seines Wesens besinnen müssen, wenn er erbaulich und ersprießlich wirken soll.

Ist mehr Pomologe als Theologe.

Ilmmünster 20/7

Eine von mehreren dienstlichen Beurteilungen, in denen immer wieder das gleiche Leitmotiv anklingt: „Ist mehr Pomologe als Theologe."

die Feststellung, sein „sittliches Betragen" sei „nicht tadelfrei". Der Pfarrer erinnert daran, dass Aigner „wegen seines Verhaltens Fortbildungsschülerinnen gegenüber 1923 von hochwürdigster Stelle vorgeladen war". Er schließt daran einen unmissverständlichen Wunsch an: Der Versetzung – „Amovierung" im kirchlichen Amtsdeutsch – „sieht die ganze Pfarrei mit großem Interesse entgegen". Der Wunsch wird erfüllt; Aigner wird nach Söllhuben versetzt, aber da wird es nicht besser. Im Jahr darauf kommt der Pfarrer Adam Schneider in Söllhuben zu dem gleichen Schluss und findet in der „Qualifikationsnote" vom 14. April 1925 die berühmt gewordene lapidare Formulierung: „Pomolog = schielt zu sehr nach dem Weiblichen". Nicht minder lakonisch ist der knappe Vermerk Schneiders an der gleichen Stelle: „Flink, aber nicht pünktlich."[3]

Der anschließende Einsatzort Dorfen war eine der größten Kirchengemeinden des Erzbistums. Korbinian Aigner war hier für die Filialen Staffing, Jakobrettenbach und Jaibing sowie für den Religionsunterricht an der Volksschule zuständig. In diesem seinem Amtsbereich entfaltete er offensichtlich eine sehr engagierte Tätigkeit. Er versuchte, so wird überliefert, in Eibach eine eigene Pfarrei zu begründen. Dazu sollte die seit 100 Jahren aufgegebene Kirche wieder neu geweiht und ein eigenes Pfarrhaus errichtet werden. Daneben widmete sich Korbinian Aigner selbstverständlich auch wieder energisch und erfolgreich dem Obstbauwesen. Er gewann eine ganze Reihe von Bauern für seine Ideen; die heute noch bestehende und gepflegte „Korbinian-Aigner-Allee" zwischen Eibach und Jakobrettenbach geht auf seine Initiative zurück.[4]

Dass unter diesen Aktivitäten seine Amtspflichten leiden mussten, versteht sich, und auch sonst scheint sein unmittelbarer Vorgesetzter, Pfarrer Maier in Dorfen, wenig Freude an seinem Kooperator gehabt zu haben. Am 1. Juni 1927 schreibt Maier: „treibt mehr ‚Baumsorge' als Seelsorge"; sechs Monate später, am 1. Februar 1927, heißt es: „unter der sehr großen Hingabe an die Obstbaumpflege in ganz Oberbayern und darüber hinaus leidet die Seelsorgl. Tätigkeit in Kirche und Schule." Zwei Jahre später wird das vom selben Pfarrer noch genauer spezifiziert: Er hält Aigner vor, dass er „56 Religionsstunden in zwei Abteilungen versäumte und keinen Grund angab."

Die Pfarr- und Wallfahrtskirche und das Pfarrhaus Maria Dorfen. Der prächtig ausgestattete, ins 15. Jahrhundert zurückgehende Kirchenbau war vom Spätmittelalter bis zum ausgehenden 18. Jahrhundert ein bedeutender Wallfahrtsort. Die Wallfahrt wurde in den 1980er Jahren wiederbelebt.

Ohne Frage war das Verhältnis zwischen dem Pfarrherrn und seinem Gehilfen angespannt. Bekümmert scheint das Aigner nicht zu haben. Eigene Äußerungen von ihm zu diesem Thema sind nicht überliefert, und dass er sich in seinen Aktivitäten irgendwie eingeschränkt hätte, ist auch nicht ersichtlich. Dass Aigner angesichts der Beschwerden über seinen Lebenswandel in Söllhuben nach Dorfen versetzt wurde, mag seinen eigenen Grund gehabt haben: „Bist du verworfen, so kommst du nach Dorfen", hieß es in Priesterkreisen, denn in Dorfen befand sich bis 1914 ein Priesterheim, das die Funktion einer „Priesterkorrektionsanstalt" wahrnahm. Hierhin wurden Priester zur Besserung geschickt, die sich im Sinne des kanonischen Rechts etwas zuschulden hatten kommen lassen. 1914 wurde das Heim aufgelöst, die verbliebenen Priester wurden in das gerade neu erbaute Pfarrhaus umgesiedelt.[5] Der spätere Pfarrer Maier war bereits in diesen Jahren in Dorfen als Kooperator tätig. Es mag sein, dass er aus dieser Zeit eine besonders strenge Auffassung von den Pflichten eines Priesters mitgebracht hat.

Die kritischen Zeugnisse über den Nachwuchspriester haben ohne Zweifel ihren Grund gehabt. Seiner Laufbahn wirklich geschadet haben sie aber wohl nicht. Das Gesuch, das er am 26. Oktober 1929, also bald nach der verheerenden Beurteilung über die Pflichtversäumnisse im Religionsunterricht, an das Erzbischöfliche Ordinariat München und Freising richtet, zeigt, dass er sich seiner Sache als Pomologe sicher war.

Nachdem er schon in Haimhausen Vorsitzender des Dachauer Bezirksobstbauverbandes gewesen war,[6] richtet er jetzt an das Ordinariat die Bitte, die ihm angetragene „Stelle des ersten Vorsitzenden im oberbayerischen Kreisobstbauernverband" annehmen zu dürfen. Er beruft sich auf die Aussage eines Priesterkollegen, der es bedaure, „daß sich die Geistlichen immer mehr zurückziehen und dabei Fühlung und Führung beim Volke verlieren" – ganz im Gegensatz zu „den Lehrern, die sich überall vordrängen und eindrängen, wo sich Gelegenheit bietet". Das ist nicht ungeschickt argumentiert. Denn die Bezüge der Pfarrer zur agrarischen Lebenswelt und auch die Tätigkeit in ihr wurden von der Amtshierarchie grundsätzlich gerne gesehen und unterstützt, anders als die Bezüge zur industriellen Arbeitswelt. Im Prinzip gilt das für beide Konfessionen, aber deutlich mehr für den katholischen als für den protestantischen Klerus, da dieser stärker intellektualisiert war und offensichtlich auch die Pfarrergattinnen die „Verbäuerlichung" scheuten.[7]

Das war beim katholischen Klerus anders, und so durfte Aigner bei seinen Vorgesetzten im Ordinariat mit einigem Wohlwollen bei der Behandlung seines Antrags rechnen. Er wird 1929 Vorsitzender des Kreisverbandes Oberbayern für Obst- und Gartenbau. Gar zu schwer also dürften Aigners seelsorgerliche Versäumnisse gegenüber seinen pomologischen Verdiensten nicht gewogen haben. Jedenfalls ist sein Dienstvorgesetzter Maier mit der Kritik an den Pflichtversäumnissen seines Adlatus nicht durchgedrungen, und die bei-

Der Kooperator Korbinian Aigner mit seiner Schulklasse in Eibach bei Dorfen, um 1930

Abschiedsgedicht für Kooperator Korbinian Aigner, den späteren „Apfelpfarrer"

Korbinian Aigners Verdienste als Kooperator in Dorfen werden in einem Abschiedsgedicht gewürdigt, das von Anton Wandinger (Binder) Weckerling und Martin Lanzinger (Staffing) zu seinem Abschied von Eibach im Juli 1931 gedichtet wurde. Das Gedicht blieb erhalten, weil sich die Reischlbäuerin von Pfaffing, Resi Hörl, das Gedicht gemerkt hatte, das sie als 10-jähriges Schulmädchen nach der Melodie „Am Brunnen vor dem Tore…" mitsingen durfte.

Bei Eibach in den Gärten
steht manch ein Apfelbaum,
im Feld und auf den Wegen
wär noch für viele Raum.
Herr Aigner hat's gepflanzet
veredelt manchen Stamm
weshalb er auch nicht selten
zu spät zur Kirche kam.

Ja, so ein Baum macht Sorgen
die Blätter fressen d' Läus
und drunten an den Wurzeln
benagen sie die Mäus.
Und trägt er auch nicht Früchte,
er tut ja was er kann,
das ganze Herz des Aigners
hängt an den Bäumen dran.

Er schwärmt von vielen Sorten
malt Bilder sich davon.
Er braucht sie nur anblicken
dann ist er selig schon.
Und sollt er einmal sterben,
geht er zum Himmel ein.
Sind dort nicht Apfelbäume,
will er nicht drinnen sein.

Herr Aigner muss nun scheiden
an einen andern Ort,
er geht am allerschwersten
von seinen Bäumen fort.
Sie rauschen mit den Zweigen
und sehn ihn traurig an:
Leb wohl auf Wiedersehen,
du guter Apfelmann!

(Ein Bericht von Franz Streibl, Historischer Kreis Dorfen e.V.)

den mussten immerhin fast sechs Jahre lang nolens volens zusammenarbeiten. Besonders ersprießlich dürfte das Leben im Pfarrhaus Dorfen in dieser Zeit für beide nicht gewesen sein. Der Altersunterschied zwischen dem Pfarrherrn und seinem Hilfsgeistlichen Aigner war nicht allzu groß: Maier war 1906 ordiniert worden, Aigner 1911; auch daraus können sich, was häufig vorgekommen ist, Neid- und Konkurrenzgefühle entwickelt haben. Andererseits war Dorfen aber sicher nicht das einzige Pfarrhaus, in dem die Verhältnisse so lagen. Die häufigen Versetzungen haben wohl nicht in erster Linie etwas mit dem beanstandeten Lebenswandel zu tun, sondern finden sich in vielen katholischen Priesterbiographien. Auch Korbinian Aigners Ernennung zum Pfarrer erfolgt nicht sehr viel später als bei anderen; der Altersdurchschnitt bei Antritt der ersten Pfarrerstelle lag bei 42 Jahren. Der – heute schwer vorstellbare – Überschuss an Priesternachwuchs in den katholischen Regionen dieser Jahrzehnte hatte lange Wartezeiten für die Nachwuchsgeistlichen zur Folge. Der Aufstieg hing eben davon ab, wann eine Pfarrerstelle frei wurde.

Das Pfarrhaus in Dorfen wurde 1914 errichtet. Das große Gebäude bot auch Platz für die Priester, die nach Auflösung der „Priesterkorrektionsanstalt" – dem jetzigen Ruheheim der Armen Schulschwestern – in Dorfen verblieben waren.

Es war oft schon schwierig genug, auch nur eine Kaplans- oder Vikarstelle in einem Pfarrhaus zu finden. Und wenn eine Stelle als Hilfsgeistlicher gefunden war, dann herrschte nicht immer und unbedingt Harmonie zwischen dem Pfarrer und seinem Koadjutor. Im Pfarrhaus entstand in der Gemeinschaft von Pfarrer, Kaplan und Hauswirtschafterin eine Art Pfarrfamilie, die aber oft genug spannungsgeladen war. Die Kapläne waren abhängig von den Pfarrern, nicht nur wegen der dienstlichen Beurteilungen, sondern auch, weil sie von ihnen direkt bezahlt wurden und sie Kost und Logis von ihnen zugewiesen bekamen.[8] Auch das wird man in Rechnung stellen müssen bei einer Würdigung der unfreundlichen Beurteilungen, die Korbinian Aigner besonders in Dorfen erfahren hat.

Die Kritik der Vorgesetzten an dem Nachwuchsgeistlichen Korbinian Aigner ist zwar recht deutlich, aber 1931, im Alter von 46 Jahren, bekommt er dann doch seine erste eigene Pfarrstelle. Er wird Pfarrer in Sittenbach. Dass die jeweiligen Vorgesetzten Aigners mit seinen Leistungen und wohl mehr noch mit seiner Lebensführung recht unzufrieden waren, war kein gravierendes Hemmnis seiner Karriere, wird sie aber auch nicht beflügelt haben. Die wiederholte Klage, dass Korbinian Aigner sich mehr der Apfelkunde als seinem Amt gewidmet habe und dass er außerdem in ungebührlicher Weise dem „Weiblichen" zugetan sei, hat die Phantasie der Nachgeborenen beflügelt. Die Vermutung wurde geäußert und gedruckt, Aigners Neigung zur Darstellung des Apfelmotivs habe etwas mit eben dieser seiner „Neigung zum Weiblichen" zu tun.[9] Sicher lagen die Verhältnisse aber wesentlich prosaischer. Dass ein katholischer Geistlicher „dem Weiblichen" zugetan war, wird möglicherweise Schuldgefühle hervorgerufen haben, aber ungewöhnlich war es auch nicht. Dass mancher Nachwuchsgeist-

Aigner Korbinian

Versetzungen.

19. Juli 1911 – Coadjutor in Ilmmünster.

10. September 1912 – Lehrer im Turnen und Zeichnen u. II. Seminarpräfect im Knaben-Seminar Scheyern.

1. Oktober 1916 – Koadjutor in Grafing.

15. Oktober 1918 – Vicar der Pfarrei

1. April 1921 – Kooperator in Hainhausen.

5. Mai 1924 – zur vorübergehenden Aushilfe nach Sölhuben angewiesen.

1. Dez. 1925 – Kooperator in Mariadorfen

1. Juli 1931 – Kooperator (und Pfarrvikar) in Sittenbach

19. August 1931 – auf die Pfarrei Sittenbach investiert

16. Dezember 1936 – " " " Hohenbercha " .

(1. Januar 1937 – Pfarrvikar in Sittenbach)

Die Laufbahn eines bayerischen Geistlichen: In dem Vierteljahrhundert von 1911 bis 1936 war Korbinian Aigner an zehn verschiedenen Stellen tätig.

liche Probleme mit dem Zölibatsversprechen hatte, ist lebensweltlich leicht nachzuvollziehen und historisch belegt: Im 19. Jahrhundert mehren sich die Schriften, die sich kritisch mit dem Zölibat auseinandersetzen, und die katholische Kirche hat pragmatische Formen entwickelt, dieses Problems Herr zu werden: „Der Umgang kirchlicher Vorgesetzter mit den sexuellen Beziehungen von Priestern ist meist durch Nachsicht geprägt, solange sie nicht öffentlich werden.“[10] Das allerdings war wohl bei Korbinian Aigner in Söllhuben der Fall, weshalb die schnelle Versetzung und die scharfe, in den Akten niedergelegte Reaktion der Kirchenbehörde plausibel sind.[11]

Alles in allem ist an der priesterlichen Laufbahn Korbinian Aigners nichts Ungewöhnliches. Jedenfalls wird Korbinian Aigner zum 1. Juli 1931 als Kooperator nach Sittenbach versetzt und übernimmt am 19. September desselben Jahres die Stelle des Pfarrers. Über seine Tätigkeit in Sittenbach sind keine besonderen Auffälligkeiten bekannt. Die regelmäßigen „Qualifikationsnoten“ durch die direkten Vorgesetzten entfallen jetzt; allerdings handelt sich der Pfarrer eine Rüge des Ordinariats ein, weil er es wohl versäumt hat, eine korrekte Abrechnung der Einnahmen zu erstellen. Am 29. August 1932 ergeht eine Mahnung an den Pfarrer in Sittenbach, die „Pfründeabrechnung“ vorzulegen und das Ordinariat beschließt, Korbinian Aigner in Sittenbach deren Verwaltung zu entziehen.[12] Solche Nachlässigkeiten wurden nicht gerne gesehen, kamen aber öfter vor und waren wohl eher eine lässliche Sünde.[13]

Eineinhalb Jahre nach Korbinian Aigners Versetzung kamen die Nationalsozialisten an die Macht. Daraus ergeben sich politische Konstellationen, die den Pfarrer Aigner am Ende ins KZ bringen. In den 1920er Jahren hatte er sich der Politik zugewendet. Die politische Betätigung im Interesse der ländlichen Bevölkerung stand in einem organischen Zusammenhang mit der Einbindung der Pfarrer in ihre dörfliche Lebenswelt und sie hatte eine schon längere Tradition: Eine agrarisch-politische Betätigung des katholischen Klerus hatte es bereits im ausgehenden 19. Jahrhundert gegeben und ein entsprechendes Schrifttum hervorgebracht. Einer der Protagonisten war Dr. Georg Ratzinger – ein Großonkel des späteren Papstes – mit seinem Ruf „Bauern, vereinigt euch!“.[14]

Das Wappen der Bayerischen Volkspartei: Die Partei, deren Mitglied Korbinian Aigner war, wurde 1918 gegründet und vertrat dezidiert katholische Positionen.

Über Aigners politische Tätigkeit ist wenig überliefert, aber er hat sich in öffentlichen Auftritten für die Bayerische Volkspartei engagiert, deren Mitglied er war. Auch das hat bei den Nachgeborenen Anstoß erregt:

„Als Großbauernsohn war er Mitglied der Bayerischen Volkspartei, im Zweifel also zu sehr Monarchist, als dass er für den Nationalsozialismus zu begeistern gewesen wäre.“[15] Das ist wiederum eine aus der Luft gegriffene Behauptung; „im Zweifel“ war die Bayerische Volkspartei ultramontan ausgerichtet. Eine Wiederbelebung der Monarchie gehörte sicher nicht zu ihrem Programm, und es fehlt jeder Beleg und auch jede Wahrscheinlichkeit, dafür, dass Korbinian Aigner selbst „Monarchist“ gewesen sei. Die Partei war eine konservative, klerikal geprägte Vereinigung, in der tätig zu sein für einen katholischen Pfarrer nicht anstößig sein konnte. Sie war 1918 entstanden, gegründet von Georg Heim, dem „Bauerndoktor“. Heim hatte bereits im ersten Jahrzehnt des 20. Jahrhunderts innerhalb der katholischen Zentrumspartei einen starken „bäuerlich-linken Flügel“ vertreten und die „Hinwendung des Zentrums zu Bauern und Arbeitern“ propagiert, was zu Konflikten und am Ende zur Gründung einer eigenen Partei führte.[16] Die Bayerische Volkspartei spielte in der Weimarer Republik in der bayerischen Landespolitik mit Wahlergebnissen von über 30% eine recht bedeutende Rolle.

Georg Heim (1865-1938) war zunächst Zentrumspolitiker und gründete dann 1918 die Bayerische Volkspartei.

Nach der Machtübernahme durch die Nationalsozialisten 1933 wurde Aigners politisches Engagement brisant. Die katholische Kirche hatte eine ambivalente Haltung gegenüber den neuen Machthabern eingenommen. Einerseits gehörten die Katholiken in Bayern zu dem sozialen Milieu, das am wenigsten empfänglich war für die Verführungen des Nationalsozialismus. Andererseits war der Vatikan der erste Staat, der mit seinem Konkordat vom 20.7.1933 einen förmlichen Vertrag mit den neuen Machthabern abgeschlossen hatte. Hier wurden die Rechte von Kirche und Staat gegeneinander abgegrenzt; ein geheimes Zusatzabkommen regelte die weitgehende Verschonung katholischer Geistlicher bei der Wehrpflicht.[17] Daraus ergab sich eine unentschiedene Stellung der katholischen Kirche zum NS-Staat. Die Pfarrer wurden von ihren Ordinariaten ausdrücklich angewiesen, der Konfrontation mit den staatlichen Machthabern aus dem Weg zu gehen; zugleich wurde ihnen jede Parteimitgliedschaft untersagt:[18] In einer Erklärung der deutschen Bischöfe vom 28. März 1933 heißt es, dass in den Kirchen alles vermieden werden solle, „was als politische oder parteimäßige Demonstration erscheinen und daher Anstoß erregen kann“.[19]

Das katholische Milieu stand den neuen Machthabern weitgehend ablehnend gegenüber, wie es auch schon in der Weimarer Zeit stärker auf Seite der Republik gestanden hatte als die protestantische Bevölkerung.[20] Die Amtskirche hingegen suchte den Weg einer friedlichen Koexistenz mit dem nationalsozialistischen Staat, nicht nur, weil man sich davon institutionelle Vorteile versprach, sondern weil man zumindest in einem Punkt die gleichen politischen Ziele verfolgte: bei der Abwehr des Bolschewismus. Das wurde noch in einem Hirtenbrief der deutschen Bischöfe vom 24. Dezember 1936 betont: „Der

Führer und Reichskanzler Adolf Hitler hat den Anmarsch des Bolschewismus von weitem gesichtet und sein Sinnen und Sorgen darauf gerichtet, diese ungeheure Gefahr von unserm deutschen Volk und dem gesamten Abendland abzuwehren."[21]

Konkordat
zwischen dem Hl. Stuhl
und dem Deutschen Reiche

vom 20. Juli 1933

ratifiziert am 10. September 1933

Das Konkordat wurde am 20.7.1933 von der deutschen Reichsregierung und dem Heiligen Stuhl geschlossen. Es regelt die Beziehungen zwischen Staat und katholischer Kirche.

Deshalb wurden in Hirtenbriefen der dreißiger Jahre die Katholiken zu verstärkter Loyalität gegenüber dem NS-Staat aufgefordert.[22] Umgekehrt verschärfte sich um 1935/36 der Kampf des nationalsozialistischen Staates gegen die katholische Kirche, was sich insbesondere in der Zerschlagung der katholischen Verbände ausdrückte. Der Papst reagierte darauf 1937 mit der in deutscher Sprache verfassten Enzyklika „Mit brennender Sorge", die im März 1937 von den Kanzeln aller katholischen Kirchen Deutschlands verlesen wurde.[23] Für die katholische Amtskirche gestaltete sich die Auseinandersetzung mit dem Nationalsozialismus als ein zähes Ringen um die Positionen, die im Konkordat geregelt waren, die seitens des nationalsozialistischen Regimes aber immer wieder ausgehöhlt oder schlicht missachtet wurden.

RUNDSCHREIBEN
SEINER HEILIGKEIT
PIUS' XI.
DURCH GOTTES VORSEHUNG
PAPST

AN DIE EHRWÜRDIGEN BRÜDER ERZBISCHÖFE
UND BISCHÖFE DEUTSCHLANDS
UND DIE ANDEREN OBERHIRTEN
DIE IN FRIEDEN UND GEMEINSCHAFT
MIT DEM APOSTOLISCHEN STUHLE LEBEN

Über die Lage der katholischen
Kirche im Deutschen Reich

In der Enzyklika „Mit brennender Sorge", der ersten, die in deutscher Sprache abgefasst war, wendete sich Papst Pius XI. mit klaren Worten gegen das „Neuheidentum", den Rassenwahn und die kriegstreiberische Politik des „Dritten Reichs". Die Enzyklika war von Kardinal Faulhaber vorbereitet worden und wurde am 21.3.1937 von den Kanzeln der katholischen Kirchen in Deutschland verlesen.

Für den einfachen Klerus stellte sich die Sachlage oft anders dar als für die Amtskirche. Viele katholische Priester äußerten sich ohne diplomatische Rücksichten und zogen sich dafür oft schwere Strafen zu. Die historische Forschung hat 8021 katholische Priester, darunter 7155 Weltgeistliche, namentlich identifiziert, die aus politischen Gründen Gewaltmaßnahmen des NS-Regimes ausgesetzt waren. Das sind, auf den Personalstand von 1937 bezogen, rund 40%. Die meisten von ihnen waren junge Priester unter 30 Jahren. Insgesamt handelte es sich um über 22 200 Einzelfälle.[24] Dabei ist ein deutliches Muster erkennbar, das auch bei Korbinian Aigner wiederkehrt: Verfolgt wurden Äußerungen im Religionsunterricht oder in der Kirche während des Gottesdienstes, die sich auf einfache Katechismuswahrheiten beriefen; charakteristisch war auch die Verweigerung des Glockenläutens oder des Fahnenhissens. Auch das Eintreten für die „Bekenntnisschule" – anstelle der von dem NS-Regime forcierten „Gemeinschaftsschule" – oder die Weigerung, Kreuze aus den Klassenzimmern zu entfernen, wurden bestraft und selbstverständlich auch regimekritische Äußerungen, die nach dem „Heimtückegesetz" verfolgt wurden. Fast die Hälfte der betroffenen Priester wurde mehrmals belangt; sie ließen sich also von Drohungen nicht einschüchtern. Gegen 2048 Geistliche wurden Freiheitsstrafen ausgesprochen, 4189 kamen ins KZ, 110 starben dort.[25] Am stärksten betroffen waren die bayerischen Kirchenprovinzen München und Freising sowie Bamberg, hier beträgt die „Verfolgungsdichte" 44% und 55%.[26]

Zu diesen Priestern, die sich dem neuen Regime nicht anpassten, gehörte auch Korbinian Aigner. Denn er hält an seiner kritischen Haltung gegenüber Hitler und den Nationalsozialisten, die er schon in den 1920er Jahren entwickelt hatte, fest, und scheut sich nicht, sie öffentlich zu äußern. In seiner Gemeinde nimmt Pfarrer Korbinian Aigner auch nach dem 30. Januar 1933 kein Blatt vor den Mund. Damit setzt er eine Maschinerie in Gang, die im Zusammenspiel mit der Bayerischen Politischen Polizei – der späteren Gestapo –, staatlichen und eben auch Kirchenbehörden zu einer Versetzung von Sittenbach nach Hohenbercha und später ins Konzentrationslager Dachau führen wird. Bereits zehn Jahre zuvor hatte er sich mit dem gerade aufkommenden Nationalsozialismus und seinem Volkstribunen Hitler auseinandergesetzt. Es wird überliefert, dass er NS-Versammlungen besucht und fassungslos dem Redner Hitler mit seinen antikommunistischen, aber auch antisemitischen und antikatholischen Tiraden zugehört habe.

Die Kirche von Sittenbach, Korbinian Aigners erste eigene Pfarrstelle. Bei der Reichstagswahl vom 5. März 1933 schwiegen hier, wie im zur Pfarrei gehörenden benachbarten Roßbach, die Kirchenglocken.

Die Akten im Münchener Hauptstaatsarchiv geben Auskunft über die langsam eskalierende Entwicklung: Am 27. Juni 1934 berichtet die Staatsanwaltschaft beim Landgericht Augsburg dem „Herrn Generalstaatsanwalt bei dem Oberlandesgericht München" über die „Vorkommnisse" in Sittenbach. Am Heldengedenktag, dem 25. Februar 1934, habe der Pfarrer in Sittenbach sich in beleidigender Weise über die SA geäußert: „Man hat der SA angesehen, dass keine gescheiten dabei sind u. der letzte sei dortgestanden, als ob er die Hose voll gehabt habe."[27] Dafür wird der Pfarrer mit einer Geldstrafe von 150 Reichsmark belegt, die später im Zuge einer allgemeinen Amnestie erlassen wird.

Spätestens seit diesem gerichtsnotorischen Vorgang steht der Pfarrer unter Beobachtung. In den Akten des Hauptstaatsarchivs findet sich ein Schreiben ohne Adressat und Absender vom 4. Februar 1935, in dem Äußerungen des Pfarrers während seiner Predigten zusammengestellt sind: Er kritisiere die Menschenmassen, dass sie dem nachlaufen, der ihnen Brot verspricht; „das ist ihnen wichtiger als das Himmelsbrot"; anlässlich einer Predigt über das Martyrium des hl. Stefan zieht er eine Parallele zur Gegenwart: „Da, wo der Verstand nicht ausreicht, wird die rohe Gewalt verwendet. Das war nicht blos damals so, das war immer so!" In der Bemerkung über den fehlenden Verstand haben sich die nationalsozialistischen Parteimitglieder offensichtlich wiedererkannt, und so war es sicher auch gemeint. Und schließlich habe er festgestellt, dass jetzt in Deutschland Kräfte am Werk seien, „die wollen die Jugend für sich gewinnen, wollen sie weg von der Kirche und Gott ziehen". Der anonyme Schreiber – sicher eine Amtsperson -, fordert den ebenso anonymen Adressaten auf, den Pfarrer zu verwarnen und eine Versetzung vorzunehmen, um „ihn von weiteren Hetzpredigten abzuhalten".[28]

Und so geht es in den nächsten Jahren weiter. Anlässlich von Korbinian Aigners Verhaftung hat die Geheime Staatspolizei, Staatspolizeileitstelle München, am 18. November 1939 in einem Schreiben mit zahlreichen Anlagen an den Landrat von Freising noch einmal alles zusammengefasst, was sich der Pfarrer Korbinian Aigner in den vergangenen sechs Jahren hatte zuschulden kommen lassen. Es ist einiges zusammengekommen. Am Neujahrstag 1936 habe er von der Kanzel gepredigt, dass die draußen gehisste neue „Nationalflagge" „nicht geweiht ist und nicht in die Kirche hereingehört". Drei Monate später habe er „keine Anordnung zum Glockengeläute in Sittenbach und im nahegelegenen Ort Roßbach gegeben. Er äusserte, dass er wegen einer politischen Wahl die Glocken nicht läuten lasse. Das Geläute unterblieb auch, trotzdem er vom Bürgermeister ersucht wurde, läuten zu lassen."[29]

Mit seiner Verweigerung des Glockenläutens, des Fahnenhissens, des Mitbringens von nicht kirchlich geweihten Fahnen in die Kirche zeigt sich Korbinian Aigner als ein aufmerksamer Leser der Anweisungen seines Erzbischofs, des Kardinals Faulhaber. Der Kardinal hatte in einem Rundschreiben vom 5. April 1933 potentielle Konfliktfälle zwischen Kirche und Staat benannt und den Priestern seiner Erzdiözese entsprechende Verhaltensanweisungen gegeben. Sie ließen zwar etliche Spielräume, wurden von Korbinian Aigner aber sehr eng ausgelegt.[30]

Das Verhalten von Michael Kardinal von Faulhaber, Korbinian Aigners oberstem Dienstherrn, gegenüber dem „Dritten Reich" wird von der historischen Forschung zwiespältig beurteilt. In den Anfangsjahren nahm er eine lavierende Position ein, um die Interessen der katholischen Kirche zu wahren. Später wurde er kritischer und entwarf auf Wunsch

Michael Kardinal von Faulhaber (1869-1852) war seit 1917 Erzbischof von München und Freising.

des Papstes die NS-kritische Enzyklika „Mit brennender Sorge“. Auch in den überlieferten Akten über Korbinian Aigner wird das problematische Verhältnis von katholischer Kirche und nationalsozialistischem Staat immer wieder angesprochen. Wenn Korbinian Aigner sich darauf beruft, dass er seitens des Ordinariats keine Anordnung zum Glockenläuten erhalten habe, dann weist die Gestapo diese Entschuldigung kenntnisreich zurück und verweist darauf, dass „im Amtsblatt 12 des Erzbischöflichen Ordinariats eine entsprechende Bekanntmachung über das Läuten der Kirchenglocken veröffentlicht worden war“.[31]

Das berührt einen heiklen Punkt in der Beziehung zwischen Kirche und Staat im Nationalsozialismus. Am 5. September 1935 schreibt die Regierung von Oberbayern an das Staatsministerium für Unterricht und Kultus in München, „daß Pfarrer Aigner in seinen sonntäglichen Predigten politische Verhältnisse in abfälliger Weise bespricht“. Am 21. September 1935 erhält das Ordinariat ein Schreiben, in dem es wieder auf Äußerungen des Pfarrers in dessen Predigten hingewiesen wird; das Ordinariat wird „ersucht“, im „Interesse der friedlichen Zusammenarbeit zwischen Staat und Kirche“ den Pfarrer darauf hinzuweisen und ihn zu verwarnen.[32]

Bereits in Aigners Sittenbacher Zeit hat die Bayerische Politische Polizei, die spätere Gestapo also, das Kultusministerium mehrfach ersucht, Aigner die Erlaubnis zum Religionsunterricht zu entziehen. Das Ministerium habe das abgelehnt, weil damit ein Prärogativ der katholischen Kirche berührt werde. „Das Kultusministerium hat dagegen bei dem Erzbischöflichen Ordinariat München-Freising Antrag auf umgehende Versetzung des Pfarrers Aigner auf eine andere Stelle gestellt. Die Versetzung des Aigner von Sittenbach nach Hohenberg [sic!] erfolgte am 11.1.1937. Ich ersuche um Verwertung bei der Strafanzeige. I.A. gez. Pfeuffer.“[33]

Gegen Ende des Jahres 1936 hat die Regierung von Oberbayern mit ihrem ständigen Drängen Erfolg. Das Ordinariat des Erzbistums München und Freising versetzt Pfarrer Aigner mit Wirkung vom 1. Januar 1937 von Sittenbach nach Hohenbercha. Das Ordinariat teilt im Schreiben vom 18.11.1936 dem Staatsministerium für Unterricht und Kultus diese Versetzung mit, weist allerdings einen Teil der gegen den Pfarrer erhobenen Vorwürfe vorsichtig zurück: Dessen Äußerungen im Religionsunterricht seien so allgemein gewesen, dass ein aktueller Bezug nicht erkennbar sei.[34]

Nach der überlieferten Aktenlage kann kein Zweifel daran bestehen, dass Korbinian Aigner auf Drängen der Gestapo sowie der Regierung von Oberbayern und mit Hilfe des Kultusministeriums vom Erzbischöflichen Ordinariat ausschließlich aus politischen Gründen versetzt wurde. Die Vermutung, die Unregelmäßigkeiten bei der Rechnungslegung, die schon 1932 aufgetreten waren und sich wohl 1937 wiederholt hatten, seien der Anlass für die Versetzung, ist nicht stichhaltig.[35] Die Versetzung in die Pfarrei Hohenbercha, wo er das Pfarramt dann bis zum Lebensende versah, hat eindeutig den Charakter einer Strafversetzung, obwohl Pfarrer Aigner das selbst kaum so aufgefasst haben dürfte. Die Pfarrei Hohenbercha war mit ihren 288 Katholiken viel kleiner als die in Sittenbach mit ihren 890 Pfarrmitgliedern und die Einnahmen des Pfarrers bemaßen sich auch nach der Größe der Pfarrei, sodass der Normalfall des beruflichen Aufstiegs die Versetzung an eine größere Pfarrei war. In Hohenbercha wird es zunächst etwas ruhiger um den Pfarrer. Am 23. Juli 1937 schreibt die Regierung von Oberbayern: „Ich bemerke, dass Klagen über Pfarrer Aigner nicht mehr eingegangen sind.“[36]

1269

Reichsgesetzblatt

Teil I

1934	Ausgegeben zu Berlin, den 29. Dezember 1934	Nr. 137

Gesetz gegen heimtückische Angriffe auf Staat und Partei und zum Schutz der Parteiuniformen. Vom 20. Dezember 1934.

Die Reichsregierung hat das folgende Gesetz beschlossen, das hiermit verkündet wird:

Artikel 1

§ 1

(1) Wer vorsätzlich eine unwahre oder gröblich entstellte Behauptung tatsächlicher Art aufstellt oder verbreitet, die geeignet ist, das Wohl des Reichs oder das Ansehen der Reichsregierung oder das der Nationalsozialistischen Deutschen Arbeiterpartei oder ihrer Gliederungen schwer zu schädigen, wird, soweit nicht in anderen Vorschriften eine schwerere Strafe angedroht ist, mit Gefängnis bis zu zwei Jahren und, wenn er die Behauptung öffentlich aufstellt oder verbreitet, mit Gefängnis nicht unter drei Monaten bestraft.

(2) Wer die Tat grob fahrlässig begeht, wird mit Gefängnis bis zu drei Monaten oder mit Geldstrafe bestraft.

(3) Richtet sich die Tat ausschließlich gegen das Ansehen der NSDAP. oder ihrer Gliederungen, so wird sie nur mit Zustimmung des Stellvertreters des Führers oder der von ihm bestimmten Stelle verfolgt.

§ 2

(1) Wer öffentlich gehässige, hetzerische oder von niedriger Gesinnung zeugende Äußerungen über leitende Persönlichkeiten des Staates oder der NSDAP., über ihre Anordnungen oder die von ihnen geschaffenen Einrichtungen macht, die geeignet sind, das Vertrauen des Volkes zur politischen Führung zu untergraben, wird mit Gefängnis bestraft.

(2) Den öffentlichen Äußerungen stehen nichtöffentliche böswillige Äußerungen gleich, wenn der Täter damit rechnet oder damit rechnen muß, daß die Äußerung in die Öffentlichkeit dringen werde.

Mit dem „Heimtückegesetz“ schuf sich das „Dritte Reich“ eine juristische Grundlage zur beliebigen Verfolgung abweichender politischer Meinungsäußerungen.

Das wird sich bald ändern. Denn in dem Vierteljahrhundert von seinem Dienstantritt in Ilmmünster bis zur Versetzung nach Hohenbercha hat der Charakter Korbinian Aigners unverwechselbare Konturen gewonnen. Seine pomologischen Interessen verfolgt er beharrlich und auch seinen christlichen Überzeugungen bleibt er allen politischen Zeitumständen zum Trotz treu. Die Erinnerung der Zeitzeugen, die verstreut von der lokalhistorischen Forschung publiziert wurden, fügen sich zu einem schlüssigen Bild zusammen. Im Rückblick auf seine Dorfener Zeit heißt es: „So entwickelte sich Aigner […] zu einem Volksseelsorger von echtem Schrot und Korn. Sein Charisma war es, auf Menschen zuzugehen und sie anzusprechen." Trotz aller Pomologie nahm er auch seine seelsorgerlichen Pflichten ernst und kam ihnen auf seine eigene altbayerische Weise nach: „Vielmehr zeichnete sich schon damals ab, dass Aigner alles andere als eine frömmlerische Persönlichkeit war. Die bäuerliche Wesensart seiner Heimat hatte er sich eingeprägt – bodenständig, lebensfroh und ein wenig verschlagen." [37]

In ähnlicher Weise äußern sich alle, die Korbinian Aigner gekannt haben. Nur einer äußert sich anders: Nachdem rund 400 Bilder Korbinian Aigners bei der Documenta 2012 ausgestellt wurden und einiges Aufsehen hervorriefen, wurden auch Erinnerungen an den „Apfelpfarrer" wieder wach. Ein Journalist berichtet ausführlich über die Erinnerungen seiner Mutter, die Pfarrer Aigner in Sittenbach als 6- bis 12-Jährige noch persönlich gekannt hat und wenig Gutes über ihn zu sagen weiß. Unbestritten bleibt seine Gegnerschaft zum Nationalsozialismus, aber auch hier klingt der Vorwurf durch, dass er nicht, wie andere, für seinen „Glauben gestorben" sei. Wenig erfreulich ist das Charakterbild des „Großbauernsohns", das in diesem Rückblick gezeichnet wird: „Nach allem, was meine Mutter erzählt, trat er auch unter den Dörflern klassenbewusst auf, wollte nur den Bauernsöhnen das Theologiestudium zutrauen, niemals meinem Onkel, dem Kleinhäuslerkind. Die Seelsorge hat ihn offensichtlich herzlich wenig gekümmert. Er war ein klassischer Pfarrherr, der es mit den Wohlhabenden hielt und (wie meine Mutter weiß) einem Toten am liebsten die ordentliche Aussegnung und Beerdigung verweigert hätte, weil die kinderreiche Familie kein Geld für die Gebühren hatte."[38]

Ob das so stimmt, weiß man nicht und wird es auch nicht mehr erfahren. Man mag nicht ausschließen, dass hier vererbte Familienressentiments die Feder geführt haben. Jedenfalls steht diese Schilderung im diametralen Widerspruch zu allen anderen Zeitzeugenberichten, die Pfarrer Aigner als gerade den kleinen Leuten zugewandten und bei den Pfarrgemeindemitgliedern sehr beliebten Seelsorger schildern. Auch die Regierung von Oberbayern, die sich auf ausführliche Gestapo-Berichte stützen konnte, hatte ein anderes Bild von Korbinian Aigners Charakter gewinnen können. In einem Schreiben an das Staatsministerium für Unterricht und Kultus vom 17. Januar 1938 heißt es: „Bei der Bevölkerung seiner Pfarrei ist Pfarrer Aigner sehr beliebt. Pfarrer Aigner ist in der Gastwirtschaft ein guter Gesellschafter und enthält sich jeder Bierbankpolitik, dagegen ist aus seinen äußerst vorsichtig gehaltenen Predigten herauszuhören, daß er kein Freund des Dritten Reiches ist. Ein Einschreiten wegen Kanzelmißbrauchs war bisher nicht veranlaßt. Pfarrer Aigner wird weiter überwacht."[39]

Ein Porträt des Pfarrers Korbinian Aigner,
etwa 1938 in Hohenbercha

1 Gatz, Zur Kultur des priesterlichen Alltags, S. 286-290.
2 Der „Apfelpfarrer" Korbinian Aigner, S. 15.
3 Alle Zitate aus der Personalakte Aigner im AEM PA-P III 10.
4 Lanzinger, Der Apfelpfarrer, S. 220.
5 Forstner, Priester in Zeiten des Umbruchs, S. 378-380.
6 Göb-Paunić, Der Verband und seine Vorsitzenden, S. 26.
7 Schmid, Weltklerus, S. 342f.
8 Beck, Die unerkannte Avantgarde, S. 158-160.
9 Voss, Einleitung, S. 6.
10 Beck, Die unerkannte Avantgarde, S. 166.
11 Forstner, Priester in Zeiten des Umbruchs, S. 382-393.
12 AEM PA-P III 10.
13 Forstner, Priester in Zeiten des Umbruchs, S. 393-401.
14 Vgl. Schmid, Weltklerus, S. 340f.
15 Winkler, Die Früchte des Muts, S. V2/6
16 Albrecht, Von der Reichsgründung bis zum Ende des Ersten Weltkrieges, S. 353.
17 Der Text des Konkordats findet sich in Gruber, Katholische Kirche und Nationalsozialismus, S. 97-110.
18 Beck, Avantgarde, S. 52f.
19 Gruber, Katholische Kirche und Nationalsozialismus, S. 40.
20 Vgl. Kittel, Konfessioneller Konflikt und politische Kultur in der Weimarer Republik, S. 250.
21 Gruber, Katholische Kirche und Nationalsozialismus, S. 294.
22 Beck, Die unerkannte Avantgarde, S. 56.
23 Gruber, Katholische Kirche und Nationalsozialismus, S. 308-313; Raem, Auseinandersetzung mit den totalitären Regimen, S. 171-173.
24 Hehl, Priester unter Hitlers Terror, S. XLIIf.
25 Raem, Auseinandersetzung mit den totalitären Regimen, S. 175f.
26 Hehl, Priester unter Hitlers Terror, S. XLIII.
27 BayHStA, MK 37077.
28 Ebd.
29 StA München.
30 Gruber, Katholische Kirche und Nationalsozialismus, S. 50-52.
31 StA München.
32 BayHStA München Mk 37077.
33 StA München.
34 HStA München Mk 37077.
35 Die Personalakte Aigners im Diözesanarchiv enthält keine Unterlagen über die Jahre 1939-1945. Forstner hat ergänzend die Sitzungsprotokolle des Ordinariats herangezogen, aus denen für das Jahr 1939 hervorgeht, dass in sieben Pfarreien, darunter auch Sittenbach, die Finanzverwaltung beanstandet wurde. Forstner, Priester in Zeiten des Umbruchs, S. 396f.
36 BayHStA Mk37077.
37 Lanzinger, Der Apfelpfarrer, S. 220.
38 Winkler, Früchte des Muts, S. V2/6.
39 BayHStA München.

Häftling in Dachau

Am 1. September 1939 begann der Zweite Weltkrieg mit dem Überfall deutscher Truppen auf Polen. Gut zwei Monate später, am 8. November 1939, wurde auf Hitler im Münchner Bürgerbräukeller ein Attentat verübt. Der Attentäter war Johann Georg Elser, der bald darauf in Konstanz gefasst und ins KZ Dachau verschleppt wurde, wo er kurz vor Kriegsende umkam. Das Attentat richtete sich gegen eine Gedenkveranstaltung, in der die NSDAP wie jedes Jahr an den gescheiterten Marsch auf die Feldherrnhalle 1923 erinnerte. Im Bürgerbräukeller waren 1500-2000 Parteimitglieder zusammengekommen, acht von ihnen wurden durch Elsers Bombe getötet und 130 weitere verletzt. Hitler, das eigentliche Ziel des Attentäters, überlebte aber, weil er den Saal schon vorher verlassen hatte. Georg Elser, der nach dem Stand der historischen Forschung ein Einzeltäter war, erklärte bei seinen Vernehmungen, dass er mit dem Attentat auf Hitler eine Ausweitung des gerade begonnenen Krieges habe verhindern wollen.[1]

Das Attentat Georg Elsers (1903-1945) auf Hitler am 8. November 1939 im Münchener Bürgerbräukeller hatte weitreichende Folgen für den Pfarrer in Hohenbercha.

Eine Gedenktafel erinnert heute an das Attentat.

In dieser Zeit des Kriegsbeginns befand sich Hitler auf dem Höhepunkt seines Ansehens beim deutschen Volk. Die Forschung ist sich darüber einig, dass die deutsche Bevölkerung Hitlers vermeintlich erfolgreiche Innen-, Wirtschafts- und Außenpolitik mit überwältigender Mehrheit begrüßte. Wer in dieser Zeit die Person Hitlers kritisierte, riskierte nicht nur polizeiliche Verfolgung mit einer Gefährdung von Leib und Leben, sondern er isolierte sich zudem von der Mehrheit der Bevölkerung.

In Hohenbercha war das anders. Auch nach seiner Versetzung von Sittenbach nach Hohenbercha hat Pfarrer Aigner kein Blatt vor den Mund genommen. Der Konflikt zwischen dem Pfarrer und den Vertretern der Staatsmacht schwelte weiter und eskalierte anlässlich des Elser-Attentats. Die behördlichen Akten sind überliefert, und sie geben, weit über den konkreten Fall hinaus, einen Einblick in den Verfolgungsfuror des „Dritten Reiches“ und in die Funktionsmechanismen von polizeilicher Bürokratie, politischer Willkür und Denunziationsgeist auf der einen und Standhaftigkeit und Solidarität auf der anderen Seite.

Die behördlichen Vorgänge, an deren Ende Korbinian Aigners Verschleppung ins KZ stand, nehmen ihren Anfang mit einem Schreiben des Ortsgruppenleiters der NSDAP in Hohenkammer vom 13. November 1939 an die Kreisleitung der NSDAP in Freising. Der Briefschreiber – die Unterschrift ist unleserlich, es handelt sich wohl um den später von Korbinian Aigner selbst genannten Kreisbauernführer Münsterer – berichtet über einen Vorfall in Hohenbercha vom 10. November 1939. Der Pfarrer von Hohenbercha, Korbinian Aigner, habe im Religionsunterricht gesagt: „Ich weiß nicht, ob es Sünde ist, was der Attentäter im Sinne hatte. Dann wäre halt vielleicht eine Million Menschen gerettet worden."[2] Der Briefschreiber beruft sich auf die Aussage der 26-jährigen Aushilfslehrerin Frl. Lotte Gerlach aus Bleicherode, die seit zehn Tagen den zur Wehrmacht eingezogenen Lehrer Franz Schwaiger vertrat. Lotte Gerlach wiederum hatte sich auf eine Mitteilung der Lehrersfrau Schwaiger berufen; als Zeugen angeführt wurden zwölfjährige Schulkinder. Der Briefschreiber fordert Konsequenzen: „Diesem Pfarrer gehört als Volksverräter die gebührende Strafe." Am Tag darauf benachrichtigt die Kreisgeschäftsstelle der NSDAP in Freising die Gestapo in München, „Wittelsbacherpallais Briennerstrasse", die wiederum ein umfangreiches Dossier zusammenstellt, in dem alle politischen Äußerungen des Pfarrers seit 1934 sowie eine umfangreiche Darstellung des aktuellen Vorgangs in Hohenbercha enthalten sind.

Korbinian Aigner wurde am 22. November 1939 in das Gefängnis des Freisinger Amtsgerichts in der Oberen Domberggasse 16 eingeliefert. Hier blieb er bis zu seiner Überstellung ins Gefängnis am Neudeck in München, Ende April 1940, inhaftiert. Das Bild von etwa 1940 zeigt das Gebäude vom Kirchturm zu St. Georg aus fotografiert, der barocke Gefängnisturm ist gut zu erkennen.

Die Polizei scheut sich nicht, die vier zwölfjährigen Schülerinnen und Schüler zu verhören, die sich aber jetzt, zwölf Tage später, nur noch schwach erinnern können: „ich habe dann nicht weiter aufgepasst, was der Pfarrer noch alles gesagt hat, ich habe in meinem Buch gelesen", meint eine Schülerin, und die meisten anderen Protokolle enden mit der lapidaren Aussage „Weiter weiß ich nichts mehr". Die Polizeibeamten können am Ende nur resigniert feststellen, dass die Kinder unverkennbar von ihren Eltern angehalten worden seien, sich zu diesen Vorgängen nicht zu äußern, und fügten hinzu: „Bei den erwachsenen Einwohnern in Hohenbercha wird sich keiner finden, der gegen seinen Pfarrer Belastendes aussagt, den [sic] sie sind sehr für ihren Pfarrer eingenommen und lassen nichts auf ihn kommen und zwar ohne Ausnahme", schreibt der Gendarmerieposten Allershausen im Zuge der weiteren Ermittlungen.

Ganz offensichtlich steht die Gemeinde hinter ihrem Pfarrer, wie die Polizeibeamten resigniert feststellen müssen. Auch eine Aussage des Pfarrers Aigner ist beigefügt, der seine Äußerungen im Kern gar nicht bestreitet, sie nur in einen theologisch-moralphilosophischen Kontext rückt. Daraufhin wird er am 22.11.1939 vorläufig festgenommen und um 16.30 Uhr dem Amtsgericht Freising überstellt. Bis Ende April 1940 ist Korbinian Aigner im dortigen Amtsgerichtsgefängnis als Untersuchungshäftling inhaftiert. Damit ist er ungewollt wieder dorthin zurückgekehrt, wo 1906 seine priesterliche Ausbildung begonnen hatte. Der Haftbefehl wird auf Antrag des Freisinger Landrats vom 23. November am 27. November vom Oberstaatsanwalt München II ausgestellt. Die Strafverfolgung erfolgt aufgrund von § 2 des Gesetzes vom 20.12.1934, des „Heimtückegesetzes" also.

Dann nimmt die Bürokratie ihren Gang. Korbinian Aigner beauftragt die Rechtsanwälte Warmuth, Simon und Haus mit seiner Vertretung, und am Dienstag, 7. Mai 1940, um 10.30 Uhr findet die Gerichtsverhandlung vor dem Sondergericht München im Justizpalast statt. Sie erbringt nichts Neues. Die bekannten Zeugen, inklusive der zwölfjährigen Schüler, werden vernommen, auch die inzwischen nach Bleicherode zurückgekehrte und verheiratete Lotte Kaiser, geb. Gerlach, deren Antrag abgewiesen worden war, an der Verhandlung nicht teilnehmen zu müssen. Neu hinzu kam der 41-jährige Schullehrer Franz Joseph Schwaiger, der zur Sache aber nichts aussagen konnte, da er zurzeit zum Militärdienst in München eingezogen war.

Der Staatsanwalt beantragt „kostenfällige Verurteilung" zu einer Gefängnisstrafe von sieben Monaten unter Anrechnung der Untersuchungshaft; der Verteidiger beantragt Freisprechung und hilfsweise, im Falle einer Verurteilung, eine milde Strafe. Das Gericht unter dem Vorsitz des Landgerichtsdirektors Sturm folgt dem Antrag des Staatsanwalts. Dabei legt es eine für NS-Zeiten bemerkenswert freundliche Auslegung der Zeugenaussagen zugrunde: Die in der Denunziation behauptete Äußerung, „es wäre nicht schade, wenn es den Führer zerrissen hätte", wird als nicht bewiesen unterstellt. Dem Angeklagten wird zugestanden, dass es sich bei dem Gespräch im Klassenzimmer um eher abstrakte moralische Erörterungen gehandelt habe. Da er aber zumindest in Kauf genommen habe, dass man seine Aussagen auch anders verstehen könne, sei der Tatbestand der „Beleidigung des Führers" erfüllt.

Das Verfahren hätte auch anders ausgehen können. Korbinian Aigner hat unglaubliches Glück gehabt, dass er nicht zum Tode verurteilt wurde. In der benachbarten Pfarrei

Dem Vorgeführten wurde um 4 Uhr 30 Min. eröffnet, daß gegen ihn — ~~sie~~ —

Haftbefehl

erlassen werde und zur Begründung mitgeteilt, er — ~~sie~~ — erscheine dringend verdächtig,

gegen § 2 des Heimtückegesetzes vom 20. 12. 34 sich vergangen zu haben. Ferner sei mit Rücksicht auf die Schwere der Tat u. die voraussichtliche Beunruhigung der Öffentlichkeit bei Belassung in Freiheit die Verhaftung notwendig.

OBERSTAATSANWALT
27. NOV. 1939
MÜNCHEN II

~~Fluchtgefahr bestehe, weil~~

Er — ~~Sie~~ — wurde belehrt, daß er — ~~sie~~ — gegen den Haftbefehl Beschwerde einlegen kann. Er — ~~Sie~~ — erklärte: Ich lege keine Beschwerde ein.

V. g. u. u.

Eigner Korbinian

Mayr R. [illegible]

Mit Akt an die Staatsanwaltschaft für den Landgerichtsbezirk München II

Mayr

Am 27. November 1939 wurde der Haftbefehl ausgestellt.

Kranzberg wurde ein Bäckermeister vier Jahre später in einem ähnlichen Fall zum Tode verurteilt, weil er „Äußerungen gegen den Führer gemacht habe. (‚Wenn doch einmal beim Hitler eine Bombe einschlagen würde.' – wird erzählt). Anfang Dezember 1944 kam er vor das Sondergericht in Berlin, wurde zum Tode verurteilt und am 7. Februar 1945 das Urteil durch Erschießung vollstreckt."[3]

Seine Äußerungen in einer Hohenbercher Schulklasse am 10. November 1939 bringen den Dorfpfarrer Korbinian Aigner für fünfeinhalb Jahre in Gefängnis und Konzentrationslager. Sein oberster geistlicher Dienstherr, der Kardinal Faulhaber, hatte eine andere Sicht auf die gleichen Dinge. Am 9. November schreibt er ein Telegramm an den „Führer und Reichskanzler", in dem er ihm den „wärmsten Glückwunsch [...] für Ihre glückliche Rettung" sendet.[4]

Sieben Monate später, am 22. Juni 1940, hätte Korbinian Aigner wieder nach Hohenbercha zurückkehren können. Am 8. Juni 1940 schreibt er in Erwartung der Freilassung ein Gesuch an das Sondergericht München:
„Erlaube mir hiemit die ergebenste Bitte um Entlassung am Samstag, den 22. d. Mts. statt am Sonntag, den 23. Juni, weil ich am Samstag mit dem privaten Überlandauto des Karl Boos von Allershausen ganz heimfahren kann, während dieses Auto am Sonntag nicht fährt und andere Fahrtmöglichkeiten weit abliegen.

München-Stadelheim, den 8. Juni 1940
Aigner Korbinian. 245
Neubau III/4 369".

Es kam anders. Wie es kam, ist auf der Rückseite des Gesuchs vermerkt: „Weiterbehandlg. erübrigt sich da Gef Gestapo zu überstellen ist. Dem Gef. eröffnet am 11.6.1940."[5] Diese Eröffnung wird auch den unerschrockenen Korbinian Aigner nicht kalt gelassen haben. Denn das bedeutete KZ. Ohne weiteres Verfahren und ohne weitere erkennbare Dokumentation wurde Korbinian Aigner zunächst in das Gestapo-Gefängnis im Wittelsbacherpalais überstellt und verbrachte dort die Zeit vom 23.6. bis 21.8. 1940 wegen „Prüfung der Schutzhaft". Am 12. 9. 1940 wird er in das KZ Sachsenhausen überführt. Vorher hatte er noch eine Rechnung der Staatsanwaltschaft vom 30. Mai 1940 zu bezahlen: „Haftkosten 213 Tage je 1.50 RM vom 28.11.1939 – 23.6.1940."[6]

In seinem Nachkriegsantrag auf Ausstellung eines Ausweises als ehemaliger KZ-Insasse beschreibt Korbinian Aigner diese Abläufe und gibt an, weshalb er gleich nach Abbüßung der Gefängnisstrafe in „Schutzhaft" genommen wurde. In die Rubrik „Grund der Haft" trug er ein: „Zur Beruhigung des Volkes, weil man befürchtete, daß ich wieder meckern würde."[7] Im KZ Sachsenhausen in der Nähe Berlins zieht er sich eine schwere Lungenentzündung zu – in der mündlichen Überlieferung ist sein charakteristischer Ausspruch festgehalten: „Den Gefallen wollte ich den Preußen nicht tun, daß ich bei ihnen da oben sterbe."

Am 3.10.1941 wird er ins KZ Dachau überstellt. Dass er auf diese Weise wieder zurückdeportiert wird in seine engere Heimat, ist einerseits ein Zufall, der aber andererseits einen besonderen Hintergrund hat. Das KZ Dachau entwickelte sich im Laufe der Zeit zu einem Sammellager für katholische Priester, zunächst aus Deutschland, aber zusehends mehr auch von solchen aus den besetzten Ländern, insbesondere aus dem katholischen Polen. Das ging auf eine Anordnung Himmlers von 1941 zurück, der verfügte, dass alle

Der Erzbischof
von München und Freising

München, den 13.November 1939.

An die Hochwürdigsten Oberhirten
der bayerischen Diözesen.

Betrifft: Anschlag auf den Führer und Reichskanzler
am 8.11.im Bürgerbräukeller München.

Abschriften:

1) KARDINAL FAULHABER AN DEN FÜHRER UND REICHSKANZLER
Telegramm vom 9.November 1939.:

„Herrn Führer und Deutschen Reichskanzler Adolf Hitler Berlin. Eben von verabscheuungswürdigem Verbrechen im Bürgerbräukeller in Kenntnis gesetzt spreche ich als Ortsbischof und im Namen der bayerischen Bischöfe wärmsten Glückwunsch aus für Ihre glückliche Rettung und bitte Gott, er möge auch ferner seinen schützenden Arm über Sie halten. Kardinal Faulhaber München"

2) DER FÜHRER UND REICHSKANZLER AN KARDINAL FAULHABER
Telegramm vom 12.November 1939:

„Herrn Kardinal Faulhaber Muenchen = Fuer die mir aus Anlass des Muenchener Anschlags ausgesprochenen Glueckwuensche danke ich herzlich = Adolf Hitler"

Während der Landpfarrer Aigner in Hohenbercha laut darüber nachdachte, ob es nicht besser gewesen wäre, wenn der Attentäter Erfolg gehabt hätte, gratulierte Kardinal Faulhaber dem „Herrn Führer und Deutschen Reichskanzler" zur „glücklichen Rettung". Der bedankt sich drei Tage später artig für die Glückwünsche.

Die „Plantage“ im KZ Dachau

deutschen, holländischen und norwegischen Geistlichen im Dachauer Heilkräutergarten zu beschäftigen seien.[8] Im KZ waren 2720 Geistliche inhaftiert, darunter 1780 Polen. In einem sehr bescheidenen Umfang hatte der Vatikan Sonderbedingungen für sie ausgehandelt: Sie erhielten eine bessere Verpflegung und Messwein, in Block 26, dem „Priesterblock“, wurde eine Kapelle eingerichtet.[9]

Das KZ Dachau war das erste Konzentrationslager in Deutschland. Hier wurden unter der Leitung des Lagerkommandanten, Hauptsturmbannführer Theodor Eicke, Strukturen entwickelt, die auch für die nachfolgend gebauten nationalsozialistischen Konzentrationslager als Muster dienten.[10] Eine besondere Rolle spielt dabei die Lagerselbstverwaltung durch die Häftlinge. Sie erlaubte den Aufbau einer Häftlingshierarchie und eines Systems von Begünstigungen und Ausgrenzungen, das sich über die Jahre hin erhalten und verfestigt hat. Das KZ Dachau war ursprünglich für die Internierung von politischen Häftlingen eingerichtet worden. Diese Gruppe der kommunistischen, sozialdemokratischen und sonstigen politischen Gegner des NS-Regimes waren also die ersten Inhaftierten, und sie bildeten bis zum Jahre 1945 das Gerüst der Häftlingsselbstorganisation.

Das KZ Dachau war auch das erste Konzentrationslager, in dem Ausländer, zunächst Österreicher, inhaftiert wurden. Im Zuge des nationalsozialistischen Eroberungszugs durch Europa kamen immer mehr Ausländer aus den verschiedenen besetzten Ländern dazu. Neben den politischen Häftlingen gab

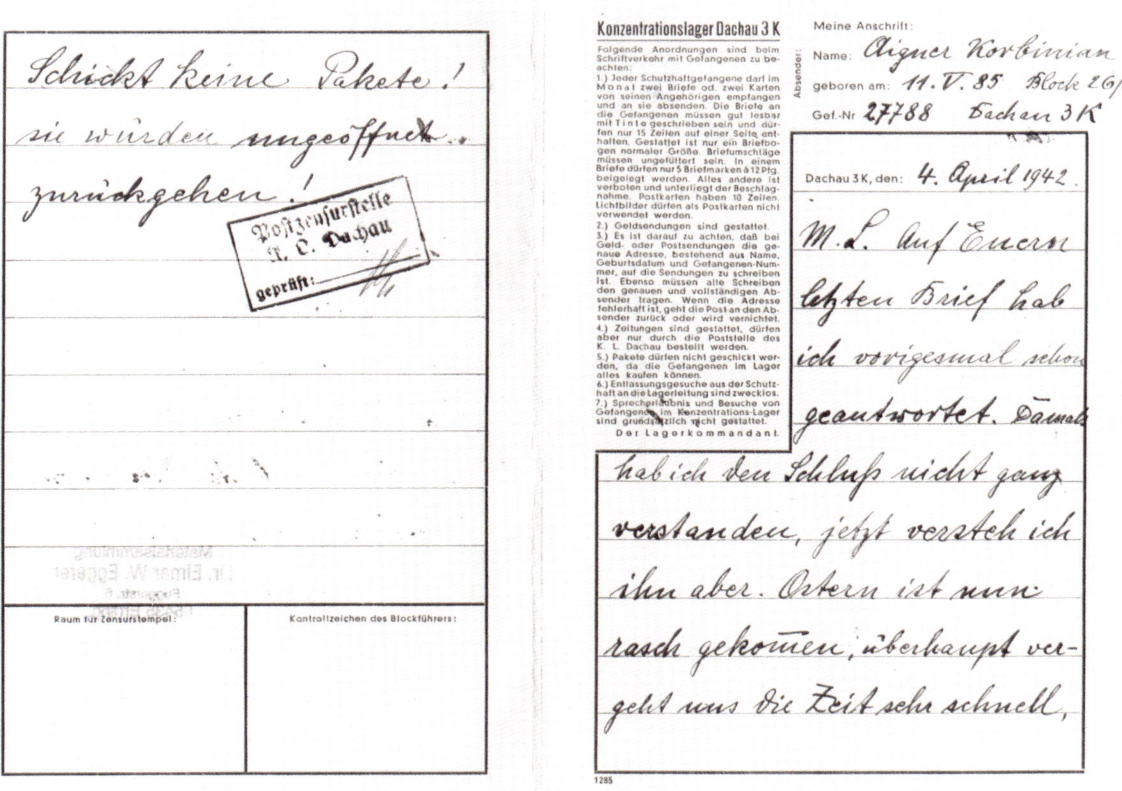

Schickt keine Pakete!
sie würden ungeöffnet
zurückgehen!

Postzensurstelle
K. L. Dachau
geprüft:

Raum für Zensurstempel:

Kontrollzeichen des Blockführers:

Konzentrationslager Dachau 3 K

Folgende Anordnungen sind beim Schriftverkehr mit Gefangenen zu beachten:

1.) Jeder Schutzhaftgefangene darf im Monat zwei Briefe od. zwei Karten von seinen Angehörigen empfangen und an sie absenden. Die Briefe an die Gefangenen müssen gut lesbar mit Tinte geschrieben sein und dürfen nur 15 Zeilen auf einer Seite enthalten. Gestattet ist nur ein Briefbogen normaler Größe. Briefumschläge müssen ungefüttert sein. In einem Briefe dürfen nur 5 Briefmarken à 12 Pfg. beigelegt werden. Alles andere ist verboten und unterliegt der Beschlagnahme. Postkarten haben 10 Zeilen. Lichtbilder dürfen als Postkarten nicht verwendet werden.

2.) Geldsendungen sind gestattet.

3.) Es ist darauf zu achten, daß bei Geld- oder Postsendungen die genaue Adresse, bestehend aus Name, Geburtsdatum und Gefangenen-Nummer, auf die Sendungen zu schreiben ist. Ebenso müssen alle Schreiben den genauen und vollständigen Absender tragen. Wenn die Adresse fehlerhaft ist, geht die Post an den Absender zurück oder wird vernichtet.

4.) Zeitungen sind gestattet, dürfen aber nur durch die Poststelle des K. L. Dachau bestellt werden.

5.) Pakete dürfen nicht geschickt werden, da die Gefangenen im Lager alles kaufen können.

6.) Entlassungsgesuche aus der Schutzhaft an die Lagerleitung sind zwecklos.

7.) Sprecherlaubnis und Besuche von Gefangenen im Konzentrations-Lager sind grundsätzlich nicht gestattet.

Der Lagerkommandant.

Absender:

Meine Anschrift:
Name: Aigner Korbinian
geboren am: 11.V.85 Block 26/3
Gef.-Nr 27788 Dachau 3K

Dachau 3 K, den: 4. April 1942.

M. L. Auf Euern letzten Brief hab ich vorigesmal schon geantwortet. Damals hab ich den Schluß nicht ganz verstanden, jetzt versteh ich ihn aber. Ostern ist nun rasch gekommen, überhaupt vergeht uns die Zeit sehr schnell,

1285

Die Häftlinge durften im Monat je zwei Briefe schreiben und empfangen. Hier ein Schreiben Korbinian Aigners vom April 1942 aus dem „Priesterblock" 26 an seinen Bruder Simon in Hohenpolding.

Häftlinge auf dem Weg zur „Plantage"

es eine zunehmend größere Anzahl von weiteren Gruppen, die inhaftiert wurden und innerhalb des Lagers durch äußere Kennzeichen voneinander separiert wurden. Die Häftlinge bildeten eine von der SS vorgegebene Hierarchie aus, an deren Spitze die etablierten politischen Häftlinge, besonders die der KPD mit Organisationserfahrung, standen und an deren unteres Ende die Homosexuellen und die Sinti und Roma gedrängt wurden.[11]

Korbinian Aigner trug im KZ einen „roten Winkel", war also als politischer Gefangener klassifiziert. Nach dem Krieg beantwortet er die Frage nach seiner Tätigkeit im KZ Dachau mit: „Gartenarbeit, dann Bureauarbeit in der Besoldungsstelle".[12] Mit dieser „Gartenarbeit" hat es seine besondere Bewandtnis. Die im KZ Dachau inhaftierten Priester wurden bevorzugt in der dort eingerichteten Versuchsplantage eingesetzt, die den euphemistischen Namen „Kräutergarten" trug – noch heute heißt die an dem Areal vorbeiführende Straße im Gewerbegebiet Dachau

Ost 1 „Am Kräutergarten". Ein „Kräutergarten" im landläufigen Sinne war es aber nicht, in dem Korbinian Aigner und seine Mithäftlinge arbeiten mussten.

Die Gebäude der „Deutschen Versuchsanstalt" in Dachau

Tatsächlich handelte es sich um eine Gartenanlage, die direkt neben dem KZ-Areal angelegt wurde und die im Jahr 1938 7,5 ha, 1942 148 ha umfasste.[13] Die Beschäftigung in diesem Kräutergarten galt nach SS-Maßstäben als eine bevorzugte Behandlung, die man vor allem den katholischen Priestern zukommen ließ. Gemessen an den Haft- und Zwangsarbeitsbedingungen der anderen Häftlinge mag das wirklich eine gewisse Privilegierung bedeutet haben. Ein Mithäftling berichtet nach dem Krieg: „Es ist unwahr, wollte man behaupten, die uns aufgegebene Arbeit sei zu schwer gewesen. Sie war nicht schwerer als die Feldarbeit, wie sie jeder landwirtschaftliche Arbeiter leisten muß. Aber unter welchen Bedingungen steht dessen Arbeit und unter welchen mußte unsere verlaufen? Das Essen (außer Donnerstag Hülsenfrüchte und Sonntag oft Nudeln) bestand nur aus Wassersuppen oder Futterkohlsuppen, wie er in der Heide wächst und dem Vieh zur Nahrung gegeben wird."[14]

Andere Berichte von Häftlingen geben sehr viel drastischere Schilderungen der Arbeits- und Überlebensbedingungen bei der Plantagenarbeit.[15] Die Arbeit in der „Plantage" mag leichter gewesen sein als in den Außenlagern – aber auch sie war oft tödlich; auch hier wurden „Häftlinge zu Tode gequält oder ‚auf der Flucht erschossen'".[16] Bereits bei der Anlage der "Plantage" in den ersten Jahren, die mit unzulänglichen technischen Mitteln erfolgen musste, sind wohl über 400 Häftlinge gestorben, allein für das erste Jahr werden 107 Tote genannt.[17] Allerdings haben sich die Verhältnisse im Laufe der Jahre verbessert. Ab 1942 rückten in der SS-Wirtschaft verstärkt ökonomische Gesichtspunkte in den Vordergrund, und dadurch änderten sich die Arbeitsbedingungen der Häftlinge auf der "Plantage" etwas zum Positiven, zumal der Betriebsleiter des Werks Dachau, SS-Untersturmführer Emil Vogt, alles ihm Mögliche versuchte, die Arbeits- und Ernährungsbedingungen zu verbessern.[18]

KZ-Häftling bei einem Versuch im Labor des „Kräutergartens"

Die „Plantage“ war ein Wirtschaftsbetrieb und eine wissenschaftliche Versuchsanstalt der SS. 1937 hatte Himmler in Schleißheim einen Kräutergarten anlegen lassen, der 1938 als „Kräutergarten Dachau“ in das dortige KZ verlegt wurde. Daraus wurde das „Werk Dachau“ der „Deutschen Versuchsanstalt für Ernährung und Verpflegung“.[19] Die Versuchsanstalt hatte einen klar umrissenen Auftrag. Sie war als ein Teil der Kriegswirtschaft konzipiert und sollte dazu beitragen, Deutschland unabhängig zu machen von Medikamentenimporten und die Volksgesundheit durch Vitamin- und Heilkräutererzeugung zu kräftigen.[20] Das Vitamin C sollte aus Gladiolen bezogen werden, die auf riesigen Flächen angebaut wurden und deren Wirksamkeit in Menschenexperimenten überprüft wurde. Daneben wurden andere Gewächse gezogen: Pfefferminz, Thymian, Johannisbeeren, Teefrüchte und der Prittlbacher Pfefferersatz, der den Import echten Pfeffers unnötig machen sollte und den SS und Polizei bei ihrer Truppenversorgung nolens volens aufgrund einer Anweisung Himmlers verwenden mussten.[21]

Das Markenzeichen der „Deutschen Versuchsanstalt“, unter dem deren Erzeugnisse vertrieben wurden

Der „Kräutergarten“ wurde als Wirtschaftsbetrieb der SS geführt, seine Errichtung war grundsätzlich mit einer Gewinnerwartung verbunden. Dabei war er nur ein kleiner Teil des riesigen Wirtschaftsimperiums, das Himmler im Laufe der Jahre und besonders während der Kriegszeit aufgebaut hatte. Im Wesentlichen bestand das Prinzip darin, dass die SS ihre KZ-Häftlinge an private Wirtschaftsbetriebe auslieh und dafür Leihgebühren kassierte.[22] Diese Zwangsarbeiter wurden überwiegend in der Rüstungsproduktion eingesetzt, aber im Kriegsverlauf zunehmend mehr zur Aufrechterhaltung der öffentlichen Verwaltung. Es gab am Ende kaum einen Bereich der Privatwirtschaft und der öffentlichen Verwaltung – bis hin zu den Kirchen –, in dem nicht Zwangsarbeiter als Ersatz für zur Wehrmacht eingezogene Arbeitskräfte verwendet wurden. Um die ortsnahe Unterbringung dieser Zwangsarbeiter zu ermöglichen, wurden Außenlager eingerichtet. Das KZ Dachau allein unterhielt in der weiteren Region 140 dieser Lager in unterschiedlicher Größe.

In diesem Zusammenhang wurde der „Kräutergarten“ als Wirtschaftsbetrieb geführt. Zugleich wurden ideologische Prägungen einer Vorstellung von Volksgesundheit wirksam, die über den bloß ökonomischen Zweck hinausgingen. Heinrich Himmler setzte seine persönliche Vorliebe für die biologisch-dynamische Düngung um, der er „insgesamt als Landwirt sympathisch gegenüber“ stehe. Er weiß aber auch, dass sie den faktischen Nahrungsbedarf in Deutschland nicht decken kann. Zudem steht er den oft anthroposo-

Häftlinge bei der Zwangsarbeit im Außenlager Allach des KZ Dachau

phisch angehauchten Anhängern mit ihren sektiererischen Neigungen höchst skeptisch gegenüber.[23] Himmler war in der Tat Landwirt; er hatte 1922 sein Diplom an der Landwirtschaftshochschule in Weihenstephan erworben, die 1930 der TH München als eigene Fakultät angegliedert wurde.[24]

Bei der DVA handelte es sich um eine wissenschaftliche Versuchsanstalt; also musste sie von einem Wissenschaftler konzipiert oder zumindest begleitet werden. In der „Heilpflanzen"-Diskussion des „Dritten Reichs" spielten drei Personen eine zentrale Rolle, die gemeinsam das Buch zur „Allgemeinen Heilpflanzenkunde" von 1938 verfasst hatten: Georg Gustav Wegener, Rudolf Lukaß und Ernst Günther Schenck. Wegener war ein Funktionär, der die Volks- und Laienheilkundebewegung im „Dritten Reich" maßgeblich mitorganisiert hat; 1941 wurde er als Leiter der „Plantage" in Dachau eingesetzt. Der Gärtnermeister Rudolf Lukaß wird ebenfalls Mitarbeiter in der „Plantage"; zuvor hatte er sich durch die Einrichtung von Heilpflanzenmustergärten einen Namen gemacht.[25]

Der Arzt Ernst Günther Schenck schließlich war eine schillernde Figur im Wissenschaftsbetrieb der Zeit. Er begann seine Laufbahn als Assistenzarzt an der Universitätsklinik Heidelberg, war einige Zeit Oberassistent am Kaiser-Wilhelm-Institut für medizinische Forschung in Heidelberg und wurde dann Leiter des klinischen Labors der Universitätsklinik. 1933 trat er in die SA ein, 1937 in die NSDAP. Seine Beschäftigung mit Naturheilkunde und Heilpflanzen begann 1934.

Die Naturheilkunde hatte ihre Wurzeln in der Lebensreformbewegung um die Jahrhundertwende; in der NS-Zeit wurde sie zeitweise politisch gefördert und als Volksheilkunde gegen die Schulmedizin in Stellung gebracht, die als jüdisch-marxistisch bekämpft wurde. Wirklich durchgesetzt hat sich die Volksheilkunde allerdings institutionell nicht. In Heidelberg legte Schenck für die „Arbeitsgemeinschaft für Pflanzenheilkunde" einen „Kräutergarten" an, der alle in Deutschland heimischen Heilpflanzen enthalten sollte. Mit Verlegung dieses „Kräutergartens" nach Schleißheim und dann nach Dachau wurde dieser „Kräutergarten" zur Keimzelle der KZ-Plantage.[26] 1937 siedelte Schenck nach München über und übernahm eine Arztstelle im Städtischen Krankenhaus Schwabing. Die „experimentelle Forschung" an der KZ-Versuchsanstalt wurde in enger Zusammenarbeit mit dem Schwabinger Krankenhaus betrieben, dessen Chefarzt Schenck war.

Die Forschungsarbeiten bezogen sich auf Heilkräuter und Vitamin C-Herstellung, sowie auf Fragen naturgemäßer Düngung und biologisch-dynamischen Anbaus.[27] Die nahe gelegene Landwirtschaftliche Fakultät der TH München war an diesen Aktivitäten institutionell nicht beteiligt. Der Dozent für Gartenbau Alwin Seifert hielt jedoch engen Kontakt zur DVA und interessierte sich für die Fragen der biologisch-dynamischen Düngung.[28] Wie weit sein Einfluss in Dachau tatsächlich reichte, ist nicht zu sagen. Jedenfalls renommierte er damit, dass im „Kräutergarten" des KZ unter seiner Anleitung „Kompostierung und biologische Düngung betrieben" wurde.[29] Im Kern wird das wohl zutreffen, denn Alwin Seifert war einer der Pioniere des biologischen Acker- und Gartenbaus; und Berührungsängste mit dem NS-Regime hatte er nicht. Sein Ratgeber „Ackern und Gärtnern ohne Gift" wurde zu einem Bestseller, der bis zum Ende des 20. Jahrhunderts gute Verkaufserfolge erzielte.

Bekannt ist auch, dass der TH-Professor Heinz Henseler, Direktor des Instituts für Tierzucht und Züchtungsbiologie, Kontakt zum KZ Dachau unterhielt.[30] Er hat mit Studenten der TH München Exkursionen zur Besichtigung der „Plantage" unternommen, die seit 1942 eine eigene Viehwirtschaft im Außenlager „Liebhof" unterhielt.[31] Mit Henseler stand Himmler offensichtlich auf gutem Fuß; in einem Brief an den „lieben Parteigenossen Professor Henseler" tauscht er sich ausführlich über Fragen der künstlichen Befruchtung bei Pflanzen, Tieren und Menschen aus.[32]

Obwohl die Geschichte des KZ Dachau durch die Arbeit der schon 1965 eingerichteten Gedenkstätte eigentlich sehr gut dokumentiert ist, ist der „Kräutergarten" als ein eigener Teil dieses KZ bis in die jüngste Zeit hinein übersehen worden. Im Hamburger Nachrichtenmagazin „Der Spiegel" erschien zwar bereits 1963 ein Artikel darüber, der den „Kräutergarten" eher als ein Kuriosum in der KZ-Wirtschaft beschrieb, aber dieser Hinweis blieb unbeachtet.[33] Das lange Zeit privatwirtschaftlich genutzte Gelände blieb bei der Gründung der KZ-Gedenkstätte Dachau unberücksichtigt und war zwischenzeitlich vom Verfall und der endgültigen Beseitigung bedroht.[34] Nach vereinzelten Hinweisen in der Presse veranstaltete die KZ-Gedenkstätte Dachau 2012 eine Tagung, in der die weitere Gestaltung und Nutzung des Areals diskutiert wurde.

Heinz Henseler (1885-1968) war von 1920 bis 1945 ordentlicher Professor für Tierzucht und Züchtungsbiologie in Weihenstephan.

Im Organisationsgefüge des KZ Dachau spielte der „Kräutergarten" eine besondere Rolle. Offensichtlich war es so, dass die Häftlingsselbstverwaltung hier größere Freiheiten hatte als in anderen Teilen des KZ. Das wurde benutzt, um Funktionsträger der KPD zu privilegieren. Der Reichsführer SS Himmler hatte die Idee, einen Bildband zusammenstellen zu lassen, in dem die Heilkräuter des KZ-Gartens verzeichnet wurden. Dazu wurde eine Malergruppe gegründet, die aus fünf bis sechs Häftlingen bestand. Dabei wurden auch solche Häftlinge eingesetzt, die keine besonderen malerischen Fertigkeiten hatten.[35] Korbinian Aigner gehörte dieser Gruppe nicht an, und auch sonst scheint er in keiner Weise gegenüber den anderen KZ-Häftlingen hervorgetreten zu sein.

Ein Büro im Kräutergarten; möglicherweise handelt es sich hier um die „Malerstube", in der botanische Illustrationen für Himmler angefertigt wurden.

Zu den Besonderheiten des „Kräutergartens" gehörte es, dass hier ein gewisser Kontakt zur Außenwelt bestand. Der „Kräutergarten" verfügte über einen eigenen Laden, in dem die Gartenerzeugnisse an die Bevölkerung der umliegenden Dörfer verkauft wurden. Dieser Laden, die „Tür der Priester zur Außenwelt",[36] wurde nur locker bewacht und konnte, bei entsprechenden Vorsichtsmaßnahmen, zu Kontakten mit Häftlingen genutzt werden.[37]

In ihrem autobiographischen Bericht „Warum ich Azaleen liebe" hat Josefa Mack eine eindringliche Schilderung dieser Einrichtung gegeben. Josefa Mack war eine Postulantin, also eine Ordensschwester im Anwärterstatus, der Kongregation der „Armen Schulschwestern von Unserer Lieben Frau" in

Der Verkaufsladen im Kräutergarten war eine im Lagersystem der KZ einzigartige Verbindungsstelle zwischen KZ und der Bevölkerung der Region.

Freising.[38] Sie führte später den Ordensnamen Maria Imma. In ihrer Autobiographie berichtet sie, wie sie ab Mai 1944 regelmäßig den Verkaufsladen des „Kräutergartens" besucht hatte, dort Einkäufe tätigte, vor allem aber Lebensmittelpakete für die Häftlinge überbrachte. Auch Korbinian Aigner hat nach dem Krieg berichtet, dass seine Gemeindemitglieder aus Hohenbercha über diesen Laden Kontakt zu ihm gehalten hätten. Zur Unterstützung seiner Verpflegung hätten sie immer wieder Äpfel unter dem Vorwand gebracht, er müsse eine Sortenbestimmung vornehmen.

Damit bewegte sie sich zunächst im behördlich genehmigten Rahmen. Denn seit 1942 war die private Versorgung mit Lebensmitteln nicht nur als eine „Hafterleichterung" genehmigt worden, de facto war sie erwünscht. Damit konnte der von der SS zu erbringende Aufwand für die Verpflegung der Häftlinge noch einmal verringert werden. Heinrich Himmler selbst hatte im Oktober 1942 verordnet, dass Häftlinge unbeschränkt Lebensmittelpakete erhalten dürfen und hinzugefügt: „Jeder SS-Angehörige, der sich an einem

Lebensmittelpaket eines Häftlings vergreift, wird mit dem Tode bestraft."[39]

In ihrem Buch „Warum ich Azaleen liebe", das erstmals 1988 erschien, berichtete Schwester Imma Mack über ihre Besuche m KZ Dachau. Hier die 11. Auflage von 2008. Das Titelbild zeigt die 20-jährige Postulantin im Jahr 1944.

Schwester Imma schildert die Abläufe, die sich an dieser Grenzstelle zwischen Lager und Außenwelt eingespielt hatten. Der Verkaufsladen selbst wurde von einem inhaftierten jungen Priester, Ferdinand Schönwälder, betrieben, der nicht besonders gründlich von einem Kapo und einem SS-Wachposten überwacht wurde. Durch diese laxe Überwachung war es, wenn auch unter hohem persönlichem Risiko für alle Beteiligten, möglich, Nachrichten und Gegenstände außerhalb des offiziell Genehmigten in das Lager hinein oder aus ihm herauszuschmuggeln.

Ein besonderes Ereignis war für Imma Mack die Priesterweihe des todkranken Karl Leisner im KZ. Schwester Imma berichtet, wie sie den Brief mit dem entsprechenden Antrag an den Kardinal Faulhaber heraus- und anschließend die für die Priesterweihe erforderlichen Gegenstände in das Lager wieder hineingeschmuggelt hat.[40] Die Primiz fand am 3. Adventssonntag 1944 statt. Karl Leisner hat die Folgen seiner KZ-Internierung nicht überlebt. Er starb am 12. August 1945. Korbinian Aigner hat ihn gekannt und persönlichen Kontakt zu ihm gehabt. Dokumentiert sind seine Unterschrift unter das Gratulationsschreiben zur Priesterweihe und ein kurzer Glückwunschtext zum 30. Geburtstag am 15. Februar 1945.

Korbinian Aigner hat im KZ nicht malen können, aber seiner pomologischen Leidenschaft ist er weiter nachgegangen. Im KZ hat er weiter Apfelstecklinge gezogen, die im Nachhinein einen geradezu mythischen Ruf erhalten haben. Denn aus einem dieser Stecklinge ist der „Korbiniansapfel" hervorgegangen, der seit den 1980er Jahren so heißt und in der weiteren Region um Freising recht verbreitet ist. Aber das hat Korbinian Aigner sicher nicht so geplant, denn das lässt sich nicht planen. Die Züchtung von tragfähigen Apfelsorten erfordert einen enormen Aufwand, und der Erfolg ist in hohem Maße vom Zufall bestimmt. Günther Liebster stellt generell dazu fest: „Eine neue Sorte zu züchten und sorgfältig zu prüfen, bis sie an die Praxis herausgegeben werden kann, erfordert viel Zeit und Kosten, die nur aus öffentlichen Mitteln aufgebracht werden können."[41]

In seinem Radiovortrag über Korbinian Aigner hat Josef Martin Bauer den gleichen Befund noch einmal gründlicher dargelegt, und er fügt hinzu: Dass es „in der winzigen Baumschule zwischen zwei Lagerbaracken bei

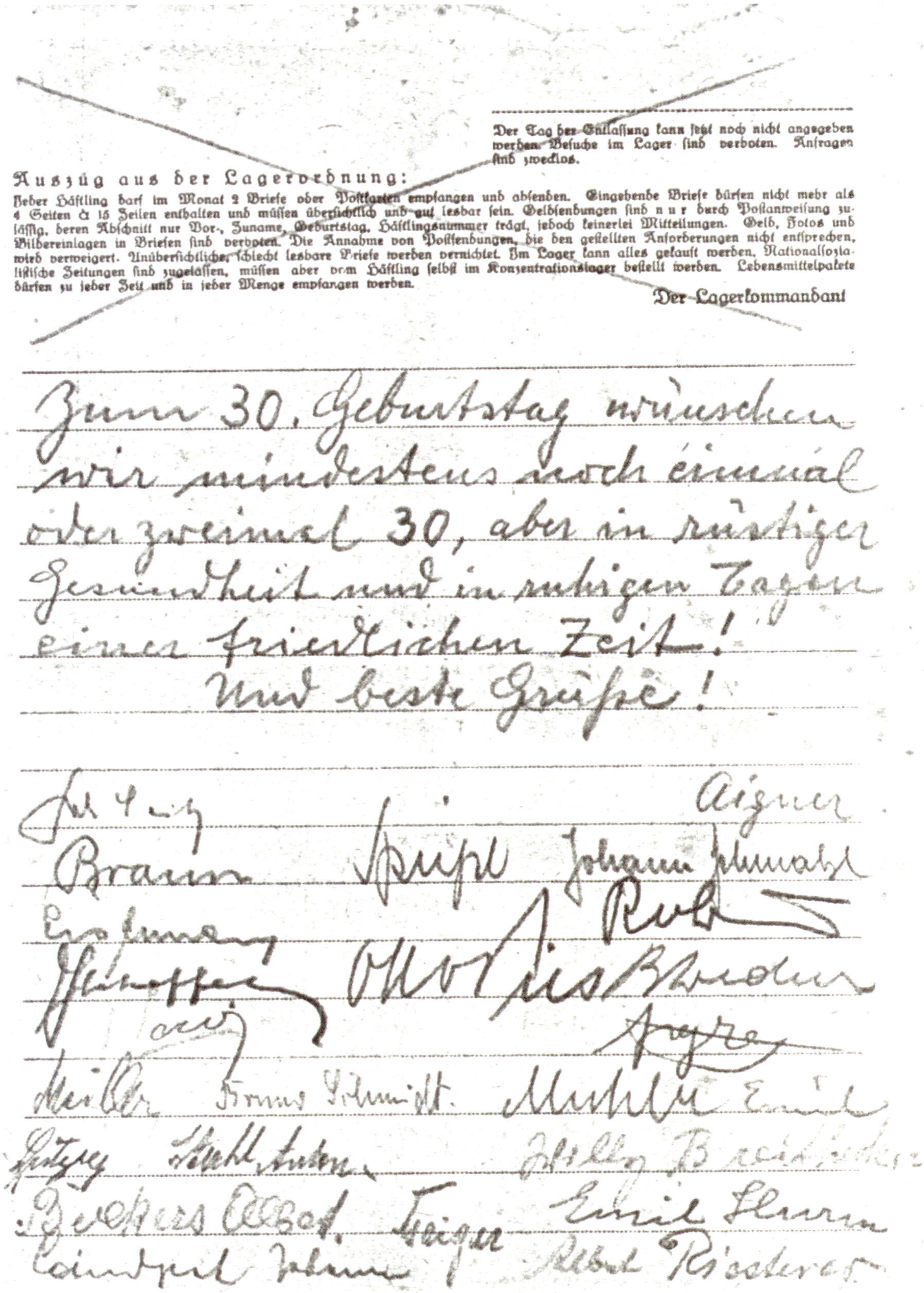

Der Tag der Entlassung kann jetzt noch nicht angegeben werden. Besuche im Lager sind verboten. Anfragen sind zwecklos.

Auszug aus der Lagerordnung:

Jeder Häftling darf im Monat 2 Briefe oder Postkarten empfangen und absenden. Eingehende Briefe dürfen nicht mehr als 4 Seiten à 15 Zeilen enthalten und müssen übersichtlich und gut lesbar sein. Geldsendungen sind nur durch Postanweisung zulässig, deren Abschnitt nur Vor-, Zuname, Geburtstag, Häftlingsnummer trägt, jedoch keinerlei Mitteilungen. Geld, Fotos und Bildereinlagen in Briefen sind verboten. Die Annahme von Postsendungen, die den gestellten Anforderungen nicht entsprechen, wird verweigert. Unübersichtliche, schlecht lesbare Briefe werden vernichtet. Im Lager kann alles gekauft werden. Nationalsozialistische Zeitungen sind zugelassen, müssen aber vom Häftling selbst im Konzentrationslager bestellt werden. Lebensmittelpakete dürfen zu jeder Zeit und in jeder Menge empfangen werden.

Der Lagerkommandant

Zum 30. Geburtstag wünschen wir mindestens noch einmal oder zweimal 30, aber in rüstiger Gesundheit und in ruhigen Tagen einer friedlichen Zeit!
Und beste Grüße!

Glückwünsche der Mithäftlinge zum 30. Geburtstag des schwer erkrankten Karl Leisner am 28. Februar 1945, der ein halbes Jahr nach Kriegsende verstarb. Der Text stammt von der Hand Korbinian Aigners, der ihn auch unten rechts unterschrieben hat.

einem Bestand von nur etwa 120 Sämlingen" gelungen ist, einen Edelapfel zu züchten, „nimmt dieser tiefgläubige Mann als ein Wunder. Denn anderen Menschen unter anderen Umständen ist es nicht mal im Verlauf einer Lebensarbeit geglückt, einen neuen Edelapfel durch sorgsame Kreuzung zu züchten."[42]

Im dOCUMENTA(13)-Katalog wird Korbinian Aigners Apfelzucht im KZ als „ein poetischer Akt des Widerstands im Angesicht des Völkermordes" gedeutet, und seine Benennung dieser vier Sorten erscheint als Ausdruck der Einsicht, „dass keine Manifestation des Lebens von der Pervertierung des aufgeklärten Denkens im Faschismus unberührt existieren konnte". Das kann man so sehen, aber Anhaltspunkte gibt es nicht dafür, dass Korbinian Aigner so weitreichende gesellschaftskritische Absichten mit seiner Apfelzucht verbunden hätte. Und ganz gewiss war es nicht so, dass er in jedem Jahr seiner KZ-Haft „jeweils eine Sorte" entwickelte.[43] Das sind Phantasien. Es wird wohl einfacher gewesen sein. Dass Menschen in der extremen Lebenssituation eines KZ-Häftlings versuchen, sich mit den winzigen Möglichkeiten, die ihnen verbleiben, einen existenziellen Haltepunkt zu schaffen, weiß man aus vielen Berichten.[44] Das sind Formen der „Überlebensstrategie" und der „Selbstversicherung", die bei Korbinian Aigner die Gestalt der Apfelbaumzucht angenommen haben: „Das war seine Art, sich gegen den Wahnsinn des KZ-Alltags zur Wehr zu setzen: Um nicht den Verstand zu verlieren, eroberte er sich ein Stück Normalität zurück."[45]

Es ist viel darüber diskutiert worden, wie Korbinian Aigner seine Apfelstecklinge aus dem KZ herausgebracht hat. Darüber gibt es verschiedene Versionen. Die Standardversion ist die vielfach kolportierte Geschichte, Schwester Imma Mack habe die Apfelstecklinge aus dem KZ herausgeschmuggelt. Dass aber Korbinian Aigner Schwester Imma Mack gekannt hat oder sie ihn, ist nicht belegbar. Wahrscheinlich ist es nicht, denn in ihrem in den späten 1980er Jahren verfassten Bericht – der übrigens von einer Gruppe katholischer Studenten an der TU München veranlasst wurde[46] – erwähnt sie ihn nicht. 1994 jedoch, 50 Jahre nach den Ereignissen im KZ Dachau und sechs Jahre nach dem Erscheinen ihres Buches, trägt sie die Apfelbaumgeschichte nach. In einer Rundfunksendung des Bayerischen Rundfunks über Korbinian Aigner berichtet sie: „Der Schönwälder hat gesagt, er hat heut' ein ganz wichtiges, besonderes Päckchen. Da sind Pflanzen drinnen, die hat der Pfarrer Aigner auf der ‚Plantage' so nebenbei gepflanzt, heimlich. Im KZ selber

Schwester Imma Mack (1924-2006) in den späten 1980er Jahren, als sie ihre Erinnerungen niederschrieb.

durfte er das ja nicht machen. Da durfte kein Gräschen wachsen. So war die ordnungsfanatische Haltung der SS – innerhalb des Lagers. Aber auf der ‚Plantage', wo anderes gewachsen ist, da hat er die gezogen. Und das war ein schwieriges Päckchen, so länglich mit so 'nem braunen, schlechten Packpapier, und der Schönwälder hat mir sehr ans Herz gelegt, dass ich ganz sorgsam mit dem umgehe und des selber auf die Post bringe, dass des richtig ankommt. Es ist auch angekommen."[47]

Ob diese Erinnerung richtig ist oder sie ihr in den Mund gelegt wurde, kann im Rückblick nicht entschieden werden. Unmöglich ist es nicht, aber auffällig bleibt doch, dass sie in ihrem Buch nicht darüber berichtet hat. Sie erzählt sehr ausführlich von den Priestern, mit denen sie Kontakt hatte und mit denen sie auch nach dem Krieg noch lange Zeit in Verbindung blieb. Es ist recht unwahrscheinlich, dass sie ihren engeren Landsmann unerwähnt gelassen hätte, wenn sie ihn gekannt hätte.

Neben dieser späten Erzählung von Schwester Maria Imma gibt es eine konkurrierende Geschichte, die Josef Martin Bauer 1965, also noch zu Lebzeiten Korbinian Aigners, in seinem Rundfunkbeitrag berichtet: „Der Apfelpfarrer aber hatte, je verwirrter die Lage wurde, keinen anderen Gedanken als den, daß er seine Apfelsämlinge aus dem Lager brachte; nicht etwa sich selbst. Ein Brunnenmacher aus Neustift, der die Woche lang im Lager arbeitete und samstags nach Hause fahren durfte, übernahm es für ihn, das Bündel Sämlinge hinaus zu bringen und draußen zu versorgen. Wenn es eine Gefahr gab für Pfarrer Aigner, dann war es die, daß in dem lauen Frühjahr 1945 die Sämlinge vor der Zeit abtrieben und dann vielleicht nicht mehr zu verpflanzen waren."[48]

Wie es wirklich war, wird sich nicht mehr entscheiden lassen. Vielleicht passen die Geschichten auch zusammen. Denn der von Josef Martin Bauer erwähnte Brunnenbauer ist sicher der gleiche Herr Dur aus Freising, der als Erster im Kinderheim von Sankt Klara, in dem Josefa Mack als Helferin arbeitete, von den Verhältnissen im KZ Dachau berichtet und damit den Anstoß für die Fahrten der Postulantin nach Dachau gegeben hatte.[49]

Für die Biographie Korbinian Aigners ist es unwichtig, wie die Stecklinge aus dem Lager herausgekommen sind. Wichtiger als die Frage nach den Bäumen ist am Ende die Frage nach dem Menschen Korbinian Aigner. Er hat das KZ überlebt und konnte selbst noch seine vier Apfelbaumzüchtungen, die er in gewohnt lakonischer Art KZ-1 bis KZ-4 nannte, in Hohenbercha einpflanzen.

1 Kershaw, Hitler 1936-1945, S. 372-376.
2 StA München, Staatsanwaltschaften 9786.
3 Pfister, Das Ende des Zweiten Weltkriegs im Erzbistum München und Freising, S. 1384.
4 EAM, NL Faulhaber 4301.
5 StA München, JVA München 9105.
6 StA München, JVA München 9105.
7 BayHStA LEA 94.
8 Jacobeit/Kopke: Die Biologisch-dynamische Wirtschaftsweise im KZ, S. 97.
9 Konzentrationslager Dachau, S.127.
10 Hördler, Ordnung und Inferno, S. 64-82.
11 Konzentrationslager Dachau, S. 72-86.
12 BayHStA LEA 94, Antrag auf Ausstellung eines Ausweises für ehemalige KZ-Insassen.
13 Seidl, „Zwischen Himmel und Hölle“, S. 69.
14 Die Geistlichen in Dachau, S 984f.
15 Jacobeit/Kopke: Die Biologisch-dynamische Wirtschaftsweise im KZ, S. 95; S. 97.
16 Konzentrationslager Dachau, S. 128.
17 Jacobeit/Kopke: Die Biologisch-dynamische Wirtschaftsweise im KZ, S. 93; Seidl, „Zwischen Himmel und Hölle“, S. 56-68.
18 Seidl, „Zwischen Himmel und Hölle“, S. 96-100.
19 Elsner, Heilkräuter, S. 18f.
20 Jacobeit/Kopke, Die Biologisch-dynamische Wirtschaftsweise im KZ, S. 87f.
21 Seidl, „Zwischen Himmel und Hölle“, S. 71-77; Jacobeit/Kopke, Die Biologisch-dynamische Wirtschaftsweise im KZ, S. 93.
22 Evans, Das Dritte Reich, S. 459-470.
23 Reichsführer!, S. 110.
24 Pabst, Technische Hochschule München, S. 306-308.
25 Jacobeit/Kopke, Die Biologisch-dynamische Wirtschaftsweise im KZ, S. 90f.
26 Elsner, Heilkräuter, S. 147.
27 Ebd., S. 19f.
28 Seidl, „Zwischen Himmel und Hölle“, S. 156f.; Pabst Technische Hochschule München, S. 318.
29 Giesler, Ein anderer Hitler, S. 314.
30 Pabst, Technische Universität München, S. 317
31 Schalm, Liebhof, S. 384f.
32 Reichsführer!, S. 261-263.
33 Pfeffer aus Dachau, S. 30.
34 Riedel, Einleitung, S. 17.
35 Seidl, „Zwischen Himmel und Hölle“, S. 126-131.
36 Ebd., S. 144-147.
37 Ab 1944 wurden auch im KZ Dachau die SS-Totenkopfverbände als Wachpersonal zusehends durch Luftwaffenangehörige ersetzt; vgl. Stefan Hördler, Ordnung und Inferno, S. 191f.
38 Arnold, Mack, Imma, S. 887-889.
39 Reichsführer!, S. 208.
40 Mack, Warum ich Azaleen liebe, S. 62-66.
41 Liebster, S. 176.
42 Bauer, Der Apfelbauer
43 Documenta 13 Katalog, S. 34.
44 Seidl, „Zwischen Himmel und Hölle“, S. 118-120; S. 165f.
45 Hücking/Hielscher: Oasen der Sehnsucht, S. 11.
46 Mack, Warum ich Azaleen liebe, S. 11.
47 Originalton Josefa Imma Mack, in: Chaussy, Die Poesie der Landwirtschaft.
48 Bauer, Der Apfelpfarrer.
49 Mack, Warum ich Azaleen liebe, S. 24; Seidl, „Zwischen Himmel und Hölle“, S.144f.

Nachkriegszeit: Zurück in Hohenbercha

In den letzten Aprilwochen des Jahres 1945 bricht das „Dritte Reich" zusammen. Aber die Konzentrationslager werden fast bis zum letzten Tag aufrechterhalten. Angesichts der herannahenden amerikanischen Truppen beginnt die SS mit Maßnahmen zur Evakuierung des Lagers Dachau, zu deren ersten die Verbrennung von Schriftstücken gehört. Ab Mitte April werden auf Anweisung Himmlers die Häftlinge in mehreren Transporten teils in Eisenbahnwaggons, teils zu Fuß in Richtung Südtirol verbracht. Auch Korbinian Aigner wurde gezwungen, am letzten dieser Todesmärsche teilzunehmen. Rund 7.000 Häftlinge sollten unter SS-Bewachung zu Fuß den Weg von Dachau nach Südtirol antreten. Am 26. April beginnt der Todesmarsch. Zwei Tage später gelingt dem fast 60-jährigen Korbinian Aigner am Starnberger See, nach rund 50 Kilometern Fußmarsch, die Flucht. In seinem späteren Wiedergutmachungsantrag beantwortet er die Frage: „Durch welche Umstände wurden Sie aus der Haft entlassen" mit seinem unüberbietbaren lakonischen Humor: „habe mich auf dem Marsch von Dachau nach Tirol Bzw. Waakirchen in der Nacht zum 30.4. selbst entlassen."[1]

Er war nicht der Einzige, der auf diese Weise entkommen konnte. In einem zeitgenössischen Bericht des Pfarrers von Aufkirchen am Starnberger See über diesen Todesmarsch heißt es: „Das erschütterndste Bild während all der Kriegsjahre bot der Durchzug der KZ-Häftlinge hier am 28. April 1944 (!). Es war eine Prozession des Elends und des Jammers, Hunderte und Aberhunderte von wandelnden Leichen, die sich mühsam dahinschleppten oder erschöpft am Boden liegen blieben. Oft wurde ihnen unter Tränen

Seit dem 15. Jahrhundert bildet die Kirche St. Margaretha den Mittelpunkt des Lebens in Hohenbercha. Von 1945 bis 1966 ist sie auch der Mittelpunkt von Korbinian Aigners Leben.

Hilfe und Nahrung geleistet, soweit eine brutale Wachmannschaft es nicht rüpelhaft verwehrte: Drei Häftlinge wurden auf dem Durchzug durch unsere Pfarrei erschossen [...]. Dagegen haben sowohl die Jesuiten auf der Rottmannshöhe, wie die Schwestern in Percha sich sehr um die KZ-Geistlichen angenommen. Auf Rottmannshöhe wurden 35 durchgeschleust. Im Josefsheim fanden 17 Herren Aufenthalt. Zwei wohnten im Kloster der Karmelitinnen."[2] Zu diesen beiden Priestern gehörte auch Korbinian Aigner. Er sucht und findet Zuflucht im Karmelitinnen-Kloster Aufkirchen, bei Berg am Starnberger See. Über die Umstände seiner Flucht scheint er nichts erzählt zu haben. Der Jesuitenpater Otto Pies, Mithäftling Korbinian Aigners und etwas früher aus Dachau entlassen, berichtet über die Situation am Starnberger See in diesen Tagen. Er selbst hat sich an Rettungsaktionen von Geistlichen aus dem Todesmarsch beteiligt, teils indem er sie mit Zivilkleidung versorgte und direkt aus der Kolonne herausholte, teils auch durch Verhandlungen mit der SS-Wachmannschaft.[3]

Der Pfarrhof in Hohenbercha, um 1943

Wenige Tage nach seiner Flucht kehrt Korbinian Aigner nach Hohenbercha zurück und kann hier seinen 60. Geburtstag am 11. Mai 1945 in Freiheit feiern. Über die Beiläufigkeit seiner Rückkehr nach Hohenbercha berichtet sein späterer Ministrant, der damals 8-jährige Helmut Hörger: „Als er 1945 nach 5 Jahren KZ wieder vor mir stand, war ich zunächst eingeschüchtert, bis er mich – wie früher – fragte: ‚Wo ist der Hase?' Ich antwortete spontan mit hochrotem Kopf und hoher gepreßter Stimme: ‚Weit weit droben'. Das alte Verhältnis war wieder da." Später fährt er mit ihm nach Dachau und zeigt ihm seine Baracke und die Stelle, wo er seine Obstpflanzen gezogen hat.

Hohenbercha, Luftaufnahme von 1954

Als der Krieg zu Ende war, kehrte längst nicht sofort Ordnung ein. Die Wirtschaftswunderjahre haben den Blick darauf verstellt, dass Europa in den ersten Nachkriegsjahren in einen Mahlstrom von Chaos und Gewalt versunken war. Am 7. Juli 1945 veranlasst das Ordinariat des Erzbistums München und Freising eine umfassende Berichterstattung aus allen Pfarreien der Diözese über Kriegsschäden und über die Vorgänge beim Einmarsch der Amerikaner; insbesondere wurde nach Plünderungen und Gewalttaten gegen kirchliche Einrichtungen und Personen gefragt. 562 dieser „Einmarschberichte" wurden erstellt, weitere Berichte wurden in die alljährlich zu verfassenden Seelsorgeberichte integriert.[4] Diese Berichte zeigen überwiegend düstere Bilder vom amerikanischen Einmarsch und des allgemeinen Sittenverfalls. Ein Gefühl der Befreiung vermitteln sie selten.

Aus den Berichten wird das Chaos greifbar, das in jenen Jahren geherrscht hat. Auch die Region um Hohenbercha war geprägt von „displaced persons" aller Art:[5] Seit Kriegsbeginn gab es Zwangsarbeiter in den landwirtschaftlichen Betrieben, in den letzten Kriegsjahren kamen die ersten Vertriebenen und Evakuierten aus den zerbombten Städten, Ende April wurde ein Todesmarsch mit KZ-Häftlingen, die nach Dachau verschleppt werden sollten, durch Hohenbercha geführt. Nach Kriegsende gibt es Berichte über plündernde Amerikaner, aber auch über Gewalttaten von KZ-Häftlingen und ehemaligen Zwangsarbeitern, und bald darauf kamen die großen Vertriebenenwellen mit Zwangseinquartierungen[6] – auch Hohenbercha lag in dem „wilden Kontinent" der frühen Nachkriegsjahre.[7] Nach dem Bericht des Pfarrers von Jarzt, der auch die Pfarrei Hohenbercha während Korbinian Aigners Haftzeit vertretungsweise versorgt hatte, ist die Pfarrei glimpflich davongekommen. Es gab Plünderungen und Requirierungen, aber wenig Gewalt: „Die Kirchen der Pfarrgemeinde blieben unversehrt, desgleichen der Pfarrhof, der 4 Amerikaner, die sehr anständig waren und Rundfunk mit dem Pfarrer hörten, 2 Nächte beherbergte."[8]

Rechter Daumen
Right thumb
Pouce droit
Правый большой палец

Aigner Korbinian
Unterschrift des Ausweisinhabers

Ausweis Nr. 05.-5782-

Generalanwaltschaft
Referat-Anerkennung
(Ausstellende Behörde)

München, den 1. DEZ. 1949

Gebühr von 2.50 DM bezahlt

Name: Name Nom Фамилия	A i g n e r
Vorname: First name Prénom Имя	Korbinian
Geburtsort: Place of birth Lieu de naissance Место рождения	Hohenpolding
Geburtstag: Date of birth Date de naissance Дата рождения	11.5.1885
Nationalität: Nationality Nationalité Национальность	deutsch
Beruf und Stand: Profession Profession Профессия	Pfarrer
Familienstand: Material status Etat civil Семейное состояние	ledig
Ständiger Wohnsitz: Residence Résidence Постоянное местожительство	Hohenbercha
Größe: Height Grandeur Рост	1.67 m
Farbe der Augen: Colour of eyes Couleur des yeux Цвет глаз	blau
Besond. Kennzeich.: Marks of distinction Marques distinctives Особые приметы	keine

Kein Personalpapier
Not legitimation
Nést pas legitimation
Недействителен как легитимационный вид

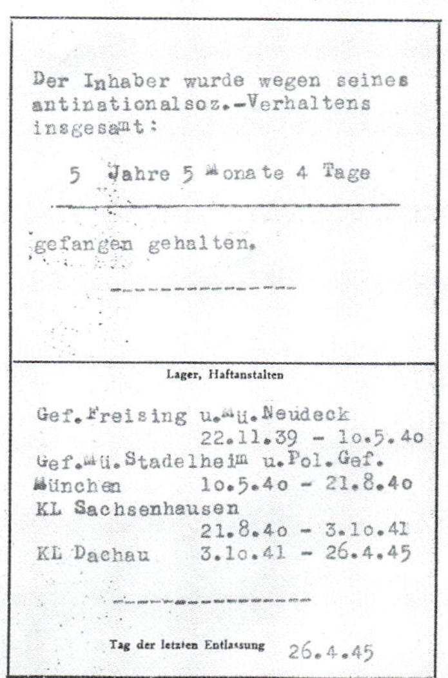

Der Inhaber wurde wegen seines antinationalsoz.-Verhaltens insgesamt:

5 Jahre 5 Monate 4 Tage

gefangen gehalten.

Lager, Haftanstalten

Gef. Freising u.U.Neudeck 22.11.39 – 10.5.40
Gef.U.Stadelheim u.Pol.Gef. München 10.5.40 – 21.8.40
KL Sachsenhausen 21.8.40 – 3.10.41
KL Dachau 3.10.41 – 26.4.45

Tag der letzten Entlassung 26.4.45

Mit viel bürokratischem Aufwand erhält Korbinian Aigner am 1.12.1949 den Ausweis, der ihn als ehemaligen KZ-Häftling ausweist.

DIESER AUSWEIS ist keine Kennkarte und kein Paß, er berechtigt nicht zum United Nations DP-Status.

Bayerisches Landesamt für Wiedergutmachung Generalanwaltschaft

Generalanwalt

Zur Beachtung!

Dieser Ausweis ist eine amtliche Bestätigung dafür, daß der Inhaber durch das nationalsozialistische Regime aus politischen, rassischen oder religiösen Gründen verfolgt und inhaftiert wurde.
Er berechtigt zu den vorgesehenen Vergünstigungen und Wiedergutmachungen.

Notice.

This passport proves officially that the bearer was persecuted and imprisoned by the nationalsocialist system for political, racial or religious reasons.
It gives the right of receiving the provided favours and reparations.

Avis.

Ce passeport est un certificat officiel que le porteur (bénéficiaire) a été persécuté et emprisonné par le régime nationalsocialiste pour des raisons politiques, racistes ou religieuses.
Il donne le droit de bénéficier des faveurs et réparations envisagées.

К СВЕДЕНИЮ

Настоящая справка есть оффициальное подтверждение того, что владелец был преследуем и лишен свободы национал-социалистическим режимом из — за политических, расовых или религиозных причин. Справка дает право на предусмотренные преимущества и возмещения.

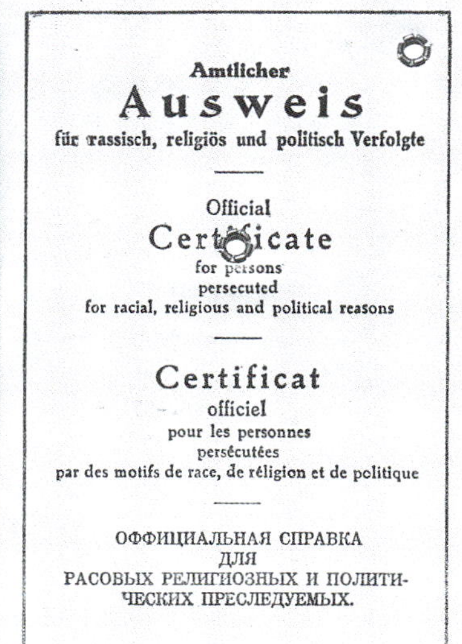

Amtlicher Ausweis
für rassisch, religiös und politisch Verfolgte

Official Certificate
for persons persecuted
for racial, religious and political reasons

Certificat
officiel
pour les personnes persécutées
par des motifs de race, de religion et de politique

ОФФИЦИАЛЬНАЯ СПРАВКА ДЛЯ РАСОВЫХ РЕЛИГИОЗНЫХ И ПОЛИТИЧЕСКИХ ПРЕСЛЕДУЕМЫХ.

BayHStA
LEA 94

Eine Obstgartenidylle war es also nicht, in die Pfarrer Aigner zurückkehrte. In Hohenbercha hat Pfarrer Aigner die verwaiste Stelle ohne großes Aufheben wieder übernommen und bis zu seinem Tode versehen. Die 1943 ausgelaufene Cura wird von der erzbischöflichen Behörde auf Antrag vom 23.12.1947 erneuert[9] und alles geht seinen gewohnten Gang. Über seine KZ-Erlebnisse scheint er fast nichts berichtet zu haben: „Erstaunlich für uns alle war“, berichtet Helmut Hörger, „daß er nach 1945 zu keiner Zeit auf die Hitler-Zeit und insbesondere auf die KZ-Zeit einging. Völlig fremd war ihm offensichtlich, sich seiner politischen Vergangenheit zu brüsten. Im Umgang mit seinen Pfarrkindern machte er keinen Unterschied zwischen Unbelasteten und Mitläufern des damaligen Regimes.“ Erzählt hat er nur, dass ihm seine Hohenberchaer Gemeindemitglieder regelmäßig Obst hätten zukommen lassen zur angeblichen Sortenbestimmung, um auf diese Weise ihn einerseits mit Lebensmitteln zu versorgen und andererseits auch ein Lebenszeichen von ihm zu erhalten. Josef Martin Bauer berichtet: „Ich habe drei Jahre nach Kriegsende in einer Ecke seiner Arbeitsstube in Hohenbercha noch den Mantel aus dem Konzentrationslager hängen sehen, den Mantel mit dem Winkel am Arm, den man den Pfaffenwinkel nannte, aber ich habe kaum etwas erfahren über sein Ergehen in dem Lager.“[10]

Korbinian Aigner mit Josef Martin Bauer. Josef Martin Bauer (1901-1970) war Schüler Korbinian Aigners in Scheyern gewesen und blieb mit ihm lebenslang befreundet. 1955 erschien sein Heimkehrer-Roman „So weit die Füße tragen“, der einer der größten Bucherfolge der Nachkriegszeit wurde.

Dass ehemalige KZ-Häftlinge über ihre Leidenszeit geschwiegen haben, ist nichts Ungewöhnliches. In einer Zeit, in der man über posttraumatische Störungen nichts wusste, blieb es jedem selbst überlassen, seine Erlebnisse zu verarbeiten, und Verdrängen durch Verschweigen war wohl die Option, die den Betroffenen die nächstliegende war. Gleichgewichtig kommt aber hinzu, dass sie kaum jemanden gefunden hätten, der zugehört hätte. Denn die Konzentrationslager und der in ihnen millionenfach exekutierte Mord waren der wunde Punkt der westdeutschen Nachkriegsgesellschaft: „Nationale Trauerarbeit" gegenüber den unschuldigen Opfern des nationalsozialistischen Regimes fand praktisch nicht statt.[11] Diese Problemlage lässt sich auch in der Nachkriegsgeschichte der „Plantage“ im KZ Dachau ablesen: Der Versuch der Vereinigung der Verfolgten des Naziregimes, das Gelände zu Gunsten der ehemaligen KZ-Häftlinge wirtschaftlich zu nutzen, wurde von Staatsminister Hundhammer rigoros unterbunden. Er befürchtete nicht nur den monetären Misserfolg des Unternehmens, sondern sah in den organisierten ehemaligen KZ-Häftlingen KPD-Anhänger, denen er keine Unterstützung zukommen lassen wollte.[12]

Auch wenn sich Pfarrer Aigner öffentlich fast nicht über die Zeit des „Dritten Reiches“ geäußert zu haben scheint, so zeigen doch die Akten im Hauptstaatsarchiv München und im Diözesanarchiv des Erzbistums München und Freising, dass er sich durchaus und sehr intensiv mit diesen zwölf Jahren des „Dritten

Reiches“ und den fünfeinhalb Jahren seiner Gefangenschaft auseinandergesetzt hat. Der Blick in die „Wiedergutmachungs“-Akten lässt erahnen, warum Korbinian Aigner in verschiedenen Funktionen als Verbandsfunktionär erfolgreich sein konnte: Er verfolgt sein Ziel der Wiedergutmachung beharrlich und konsequent über fast ein Jahrzehnt hinweg. Er füllt Formulare aus, beantwortet Anfragen, schafft Dokumente heran – diese bürokratische Beharrlichkeit ist die zweite Seite des Bildes vom leicht skurrilen „Apfelpfarrer“, das in der Rezeptionsgeschichte gerne gezeichnet wurde. Und noch etwas gehört dazu: Auch wenn er sich öffentlich kaum darüber geäußert hat, so war ihm doch sehr klar bewusst, wer ihm was angetan hatte, und er war nicht bereit, diese Vorgänge mit dem Mantel christlicher Nächstenliebe zu bedecken.

In seiner eidesstattlichen Erklärung für das Städtische Hauptwohlfahrtsamt München, Abteilung für politisch Verfolgte, gibt er auf die Frage nach seinem Denunzianten in Hohenbercha eine unumwundene Antwort: Die Anzeige sei vom „Kreisbauernführer Münsterer in Hohenkammer gekommen“.[13] Auch sonst ergreift er Initiativen, damit die Täter zur Rechenschaft gezogen werden. Am 24. August 1946 schreibt er an die Spruchkammer des Landkreises Freising und fordert die Versetzung des Lehrers Franz Schwaiger wegen seiner Spitzeldienste und der Aufhetzung der Schulkinder während der NS-Zeit. In einem weiteren Schreiben vom 12. Oktober 1946 erbittet er die „Versetzung des Herrn Hauptlehrers Franz Schwaiger von Hohenbercha wegen seines zweifelhaften Verhaltens zur Zeit meiner politischen Verfolgung und Inhaftierung im KZ“.[14]

Dieses Passfoto verwendet Korbinian Aigner bei seinen Anträgen im Wiedergutmachungsverfahren.

Im September 1954, fast zehn Jahre nachdem er sich „selbst entlassen“ hatte, wird ihm vom Landesamt für Entschädigung in München ein Betrag von 9.750 Mark als „Wiedergutmachung“ für erlittenes Unrecht zugesprochen.[15] Das entspricht dem Gegenwert von etwa zwei Volkswagen. Vier Jahre zuvor hatte er schon auf seinen Wunsch eine Abschlagszahlung von 1.000 Mark bekommen.[16] Wofür er sie benötigt hat, ist nicht bekannt. Der Pfarrer Aigner war persönlich äußerst anspruchslos. Es ist anzunehmen, dass er das Geld entweder in den Obstbau investiert oder aber die in diesen Jahren vorgenommene Erneuerung des Kirchendaches in Hohenbercha damit finanziert hat.[17]

Städt. Hauptwohlfahrtsamt
Abt. für politisch Verfolgte

Bayerisches Rotes Kreuz
Abt. für politisch Verfolgte

München 15, Goethestraße 64

Eidesstattliche Erklärung!

Name Aigner Vorname Korbinian
geboren am 11. 5. 1885 in Hohenpolding Krs. Erding
Staatsangehörigkeit Bayer Beruf Pfarrer
Familienstand: ledig — ~~verheiratet~~ — ~~verwitwet~~ — ~~geschieden~~
Wohnort Hohenbercha Nr. 19 Straße
Name, Beruf, Geburtsort des Vaters + Aigner Korbinian, Bauer Hohenpolding
Name, Beruf, Geburtsort der Mutter + Walburga geb. Huber Bäuerin Hölding
Waren Sie jemals bei der NSDAP oder einer ihrer Gliederungen? JA ~~NEIN~~
wenn JA, wo und von wann bis wann? NSV in Sittenbach ca 1935–36
in Hohenbercha ca 1938–39
in welcher Eigenschaft, welchem Rang? keinen
Weswegen wurden Sie verurteilt, bzw. in Schutzhaft genommen? wegen Heimtückegesetz §2 Abs.2 zu 7 Mt. Gef.
in Schutzhaft, weil vermutet wurde, daß ich in Zukunft wieder meckern würde.
(Geben Sie bitte genau den Sachverhalt oder die Anklagebegründung an, die zur Verurteilung bzw. Inschutzhaftnahme führte)
Wann und von wem wurden Sie verhaftet? Am 22. 11. 1939 vom damaligen Kommissär Zeller in Allershausen, wohl im Auftrag der Kreisleitung
Wie lange und wo waren Sie in Untersuchungshaft oder Schutzhaft? im Amtsgerichtsgef. Freising bis Ende April 1940, Neudeck München, Mitte Mai bis 23. Juni in Stadelheim, Gestapogefängnis München, Anfang Sept. 40 Lager Sachsenhausen, Anf. Okt. 41 bis Ende Apr. 45 Dachau
Wissen oder vermuten Sie wer Sie angezeigt hat? Kreisbauernführer Münsterer v. Hohenkammer
Adresse des Anzeigers? ? irgendwo in Haft
Beruhte die Anklage auf Wahrheit? JA NEIN verdreht und übertrieben
Welche Zeugen haben gegen Sie ausgesagt? die damalige Lehrerin Gerlach Frau Hauptlehrer ~~Schweger~~ Schwaiger Hohenbercha und Anna Zech
Welche Zeugen haben für Sie ausgesagt? wurden vom Gericht nicht zugelassen
Wer war Ihr Verteidiger? Dr Warmuth München bezw. sein Vertreter Simon
Welches Gericht hat Sie verurteilt? Sondergericht München
Strafhöhe? 7 Monat
Sind Ihnen noch die Namen der Richter und Staatsanwälte erinnerlich? ~~JA~~ NEIN
Wie hießen diese?
In welches Lager, Zuchthaus oder in welche Gefangenenanstalt wurden Sie (nach Ihrer Verurteilung) gebracht? Stadelheim, dann Lager Sachsenhausen, dann Dachau

Bitte wenden!

BayHStA
LEA 94

Eidesstattliche Erklärung im Rahmen des Wiedergutmachungsverfahrens

Die Wiedergutmachungsverfahren wurden in der Nachkriegsgesellschaft nicht gerne gesehen. Sie waren der westdeutschen Bevölkerung von den Alliierten aufgezwungen und durch verbindliche Verträge über die Besatzungszeit hinaus verlängert worden. Auch der Lastenausgleich für die Vertriebenen wurde erst nach zähem politischem Ringen durchgesetzt. Aber er fand immerhin grundsätzlich Akzeptanz in der Bevölkerung, und nach dem Ende der Besatzungszeit bildeten sich bald zeitweise einflussreiche Interessenverbände der Vertriebenen, die ihre Ziele organisiert verfolgen konnten.[18] Die „Wiedergutmachung" – ohnehin ein falscher Begriff – für die KZ-Inhaftierten hingegen stieß auf doppelte Ablehnung: Zum einen berührte sie das schlechte Gewissen der Nachkriegsgesellschaft und zum anderen schwang durchaus die Grundstimmung mit, dass, anders als die Vertriebenen, die KZ-Häftlinge ihr Schicksal selbst verschuldet oder zumindest verursacht hätten.[19]

Selbstverständlich wendet sich Korbinian Aigner sofort wieder dem Obstbau zu, sowohl in seiner Gemeinde, deren zahlreiche Obstbäume noch heute von seinem Wirken zeugen, wie auch im bayerischen Obstbauverband. Hier kommt ihm bald eine besondere Rolle zu. Der Bayerische Landesverband für Obst- und Gartenbau, aus dem der bis heute bestehende Bayerische Landesverband für Gartenbau und Landespflege hervorging, war im Januar 1883 als „Obstbauverein Lipprichhausen" im mittelfränkischen Kreis Iffenheim gegründet worden, woraus dann 1894 der Landesverband bayerischer Obstbauvereine hervorging.[20]

Der Gründer war mit dem Kirchenrat Albrecht Eyring wiederum ein Geistlicher, diesmal ein protestantischer. Dieser Verband hatte die zwölf Jahre des „Dritten Reiches" und des Krieges nicht unbeschädigt überstanden.

Kirchenrat Albrecht Eyring (1844-1920) gründete im Oktober 1883 den Obstbauverein Lipprichhausen, der zur Keimzelle des Landesverbandes bayerischer Obstbauvereine wurde.

1933 war er zügig gleichgeschaltet worden, was man an den Ausgaben der Verbandszeitschrift, „Wegweiser im Obst- und Gartenbau", ablesen kann. In den ersten Monaten wird die Zeitschrift ohne erkennbare politische Einflüsse weitergeführt; dann häufen sich die politischen Stellungnahmen. In der Ausgabe vom 16. Juli 1933 findet sich ein langer programmatischer Artikel von Prof. Dr. Ebert anlässlich der Ernennung Dr. R. W. Darrés: „Der deutsche Obst= und Gartenbau stellt sich in Treue und voller Hoffnung hinter den neuen Reichslandwirtschaftsminister. Er ist gewillt, bis zum äußersten seinen Pflichten nachzukommen, die er als Betreuer deutschen Bodens auf sich zu nehmen hat, trotz der unsäglichen Not, die ihn bedrängt und zu zerbrechen droht."[21]

Am 27. August 1933 wird dann der neue „Landesführer“ Fritz Schuberth, Mitglied des Reichstags, vorgestellt, der den bisherigen Vorsitzenden, Kirchenrat Adolf Engelhardt, ablöst.[22] Der neue Landesführer nimmt im gleichen Heft seine Tätigkeit mit einer „Anordnung betr. Gleichschaltung“ auf.[23] Die passende Ideologie wird bald nachgereicht: „Der Bauer ist im Volk das Primäre, das Urtümliche, das Lebenerhaltende. Mit ihm ist der Obst- und Gartenbauer nicht nur verwandt – beide sind ineinander verflochten.“[24] Und gegen Jahresende ergreift der Landesführer noch einmal das Wort: „Im neuen nationalsozialistischen Deutschland ist der Obst= und Gartenbauerzeugung eine Aufgabe von ungeheurem Ernst und größter Tragweite zugefallen: Die restlose Versorgung unseres deutschen Volkes mit Obst, Gemüse und sonstigen Gartenbauerzeugnissen.“[25] Im Laufe des „Dritten Reiches“ wurde das komplette Vereinswesen des Bayerischen Obstbauverbandes in diesem Sinne nicht nur organisatorisch, sondern auch personell gleichgeschaltet; bis in die Ortsvereine hinein wurden die Vorsitzenden nach politischen Kriterien benannt.

Unmittelbar nach dem Krieg schlägt das Pendel in die andere Richtung um. Der Verband muss sich neu positionieren. Wiederum müssen alle Funktionsträger in den Verbandsorganen ausgetauscht werden, und die Zeitschrift kann unter leicht verän-

Seite 2 UNSER WEGWEISER Heft 1

ZUM GELEIT!

Zu allererst möchte ich all unseren lieben Obst- und Gartenbaufreunden ein herzliches „Grüß Gott“ zurufen! Als Euch die Wiederaufrichtung des Landesverbandes bekannt gegeben wurde, da habt Ihr so freudig zugestimmt, Hunderte von Briefen haben das begeistert zum Ausdruck gebracht, neue Vereine haben sich beeilt ihre Anmeldung einzuschicken, „weil sie auch dabei sein wollten“, mächtiger Aufbauwille regt sich überall.

Und wie oft wurde aus Euern Reihen gefragt nach dem „unentbehrlichen Wegweiser“. Nun ist er da, sein Erscheinen ist durch das Entgegenkommen der Militärregierung möglich geworden. Er wird das Verbindungsorgan sein zwischen dem Landesverband und den Kreis- und Bezirksverbänden und den Obstbauvereinen, er soll Euch wirklich ein Wegweiser werden in all den Fragen des Obst- und Gemüsebaues. Es gibt noch soviel zu forschen und zu klären in der Sortenfrage, die noch lange nicht abgeschlossen ist, es vielleicht auch nie wird, desgleichen in der Unterlagenfrage für unsere Obstbäume, in der Frage der Ertragssteigerung und Ertragssicherung bei Obst und Gemüse, vor allem durch sachgemäße Baumpflege und Schädlingsbekämpfung. Der Wegweiser muß richtunggebend werden für die Anbauweise, die Ernte, Sortierung und Behandlung sowie in der Verwertung unserer Gartenerzeugnisse. Über all diese Fragen und viele andere wird der Wegweiser Aufschluß geben, wie überhaupt über das ganze Gebiet des Gartenbaues, der heute, in der Zeit der Not, für die Volksernährung eine so große Rolle spielt. Und nicht zuletzt soll der Wegweiser das Organ und Sprachrohr für die Freunde der Kleintierzucht werden.

Uns alle aber soll der Wegweiser wie ein lebendiges Band umschlingen und zusammenhalten zu einer begeisterten Gemeinschaft derer, „die guten Willens sind“, die belehrt und angefeuert vom Wegweiser mitarbeiten an dem Neuaufbau unseres geliebten Heimatlandes. Und unser Herrgott, der die Natur so geordnet hat, daß dem Winter immer ein neuer Frühling, „der Freund der ganzen Welt“ nachfolgt, er möge unser Beginnen und Streben segnen!

Korbinian Aigner,
kommiss. Vorsitzender des Bayer. Landesverbandes
für Obst- und Gartenbau.

Mit diesem Geleitwort stellte sich Korbinian Aigner nach dem Krieg den Mitgliedern des Landesobstbauverbandes als kommissarischer Vorsitzender vor.

dertem Titel neu erscheinen. In dieser Situation lag es nahe, Korbinian Aigner zum Verbandsvorsitzenden zu wählen, „besaß er doch die für den Neubeginn unverzichtbare ‚weiße Weste'".[26] Er selbst hatte in einem Artikel von 1947 schon darauf verwiesen, dass jetzt wohl den Geistlichen eine besondere Rolle im Obstvereinswesen zukommen müsse, weil in „manchen Gemeinden die Auswahl von Männern, die gegen die ‚Braunfleckenkrankheit' immun geblieben waren, nicht sehr groß ist".[27]

Vor 1933 hatte er schon verschiedene regionale Verbandsfunktionen wahrgenommen, im Oktober 1945 wird er vom Landwirtschaftsminister Dr. Joseph Baumgartner zum kommissarischen Verbandsvorsitzenden ernannt, im September 1947 wurde er in Ingolstadt zum 1. Vorsitzenden gewählt.

Den Jahrgang 1946 des „Wegweisers" eröffnet er als „kommissarischer Verbandsvorsitzender" mit ermutigenden, völlig unpolitischen Worten, in denen er die Bedeutung des Obstbauwesens hervorhebt. Im Januarheft des folgenden Jahrgangs, 1947, zeichnet er als regulärer Vorsitzender und widmet sich wiederum den organisatorischen Aufgaben, die vor dem Verband liegen. Offensichtlich hat er sein Verbandsamt mit unermüdlicher Energie betrieben, ohne dass seine geistlichen Pflichten in Hohenbercha vernachlässigt worden wären. Nach dem Ende der Besatzungszeit 1949 war die Frage der politischen Belastung des Vorsitzenden nicht mehr so dringend und der nun schon 64-jährige Pfarrer konnte sich von der zweifellos sehr beanspruchenden Tätigkeit als Verbandsvorsitzender zurückziehen. Seine Arbeit in der zweiten Reihe stellt er nicht ein; bis 1965 blieb er Vorsitzender des Bezirksverbandes Oberbayern.

Korbinian Aigner bei der Vorstellung neuer Apfelsorten 1955; in der Mitte der Freisinger Landtagsabgeordnete und Landrat Philipp Held

Am Ende seines Lebens, im November 1965, erhält Korbinian Aigner den Bayerischen Verdienstorden auf Vorschlag von Alois Hundhammer,[28] der damals Landwirtschaftsminister im Kabinett Goppel war. Damit schließt sich ein Kreis: Alois Hundhammer war gut fünf Jahrzehnte vorher Schüler Korbinian Aigners im Knabenseminar Scheyern gewesen. Zudem erhielt Korbinian Aigner die Goldene Staatsmedaille und bereits 1956 das Bundesverdienstkreuz am Bande. Auch die kirchlichen Behörden, die der Pomologie des späteren „Apfelpfarrers" lange so skeptisch gegenübergestanden hatten, sehen die Sache jetzt anders. Im „Klerusblatt" von 1947 findet sich ein Artikel „An jeden Raum pflanz' einen Baum", in dem das pomologische Wirken des Pfarrers ausdrücklich gewürdigt wird: Die KZ-Inhaftierung des Pfarrers, so meint der unbekannte Verfasser, habe auch ihr Gutes gehabt: „Sofort nach seiner Befreiung wurde er, der Fachmann auf dem Gebiet des Obstbaues, der Landesvorsitzende des Bayerischen Obstbauvereines. Mögen alle Mitbrüder, die Rat und Auskunft wünschen, sich an ihn wenden!"[29] 1949 sieht die dienstliche Beurteilung durch den Dekan dann auch ganz anders aus als in der Zwischenkriegszeit: „Er ist der geborene Pomologe in Bayern und wirkt durch diese Gabe viel Ersprießliches in seiner Tätigkeit."[30] Auch seinen Amtsbrüdern empfiehlt Korbinian Aigner in den Notzeiten der Nachkriegsjahre die Beschäftigung mit dem Obstbau: „In Anbetracht solcher Not wird der Geistliche nicht nur alles daransetzen, den eigenen Garten auf Höchstleistung zu steigern, ihm muß daran gelegen sein, daß auch die *Bäume der ganzen Gemeinde* Höchsterträge liefern."[31]

Beim 40-jährigen Priesterjubiläum am 22. Juli 1951, rechts Josef Martin Bauer

Korbinian Aigner hatte ein klares Bewusstsein dafür, dass Obst ein Nahrungsmittel ist, das gehegt und gepflegt werden muss und das besonders in Notzeiten der besonderen Fürsorge bedarf. Er hat sich sicherlich auch nicht dagegen gesträubt, die damals modernen Methoden der Schädlingsbekämpfung zu propagieren. Aber sein Zugang zum Obstbau war nicht der des Wissenschaftlers oder gar der des Ökonomen. Die liebevolle Hinwendung zur Natur war für ihn Dienst an der Schöpfung, mit dem man „die Wunder der Gottesnatur aufzeigt vom Kern bis zum Baum bis zur Frucht".[32] Hier war und blieb Korbinian Aigner Theologe.

Damit verband sich für ihn auch eine ästhetische Wahrnehmung der Natur. Sein vielzitiertes Wort vom Obstbau als der „Poesie der Landwirtschaft" ist nicht schriftlich belegt,[33] aber es ist stimmig und trifft sicher den Kern seiner Auffassung, die am Ende auch die Inspirationsquelle seiner Apfel- und Birnenbilder gewesen ist.

Nach der Messe: Korbinian Aigner im Gespräch mit dem Bürgermeister von Hohenbercha, Johann Modlmair, 1966

Im Rückblick rundet sich das Bild von Korbinian Aigners Persönlichkeit. Es war ein weiter Weg, der den jungen Bauernsohn aus Hohenpolding über die vielen Stationen seiner Priesterjahre ins KZ Dachau und am Ende nach Hohenbercha führte. Auf allen Stationen seines Erwachsenenlebens hat der „Apfelpfarrer" seine Spuren hinterlassen. Gewirkt hat er durch die Kraft seiner Persönlichkeit. Ein Mann der Feder war er nicht. Hin und wieder schreibt er Artikel im Verbandsorgan des Bayerischen Obstbauverbandes, dem „Wegweiser im Obstbau- und Gartenbau", und mindestens einmal auch

Die Kirche St. Margaretha in Hohenbercha ,1954

Pfarrer Aigner vor dem Pfarrhaus mit Apfelbaum, 1963

im „Klerusblatt".[34] Im Kern sind die Artikel von äußerstem Pragmatismus geprägt. Sie geben praktische Hinweise für konkrete Probleme des Obstbaus, die sehr ins Detail gehen können; und dort, wo er sich bewusst ist – wie beim Neubeginn nach dem Zweiten Weltkrieg –, dass jetzt große Worte erforderlich sind, tut er sich schwer damit und gleitet schnell in Floskeln ab, die ihre rhetorischen Wurzeln eher im vorangegangenen Jahrhundert haben: „Uns alle aber soll der Wegweiser wie ein lebendiges Band umschlingen und zusammenhalten zu einer begeisterten Gemeinschaft derer, ‚die guten Willens' sind, die belehrt und angefeuert vom Wegweiser mitarbeiten an dem Neuaufbau unseres geliebten Heimatlandes."[35]

Ein großer Prediger war er wohl auch nicht und man muss sich vorstellen, dass seine außerordentlich umfangreiche Vortragstätigkeit vor Obstbauvereinen vor allem nach dem Zweiten Weltkrieg überwiegend das Gepräge trockenster Sachlichkeit hatte. Helmut Hörger berichtet: „Sein nicht zu überhörender Mangel an rhetorischem Schliff wurde wettgemacht durch eine am praktischen Leben ausgerichtete Vermittlung der theologischen Grundsätze. Seine Messfeiern waren nicht mystisch überladen, seine Predigten eher nüchtern. Wir hatten den Eindruck, da handelt und spricht einer von uns, der aber von seinem katholischen Glauben voll überzeugt ist." Unvergessen ist das Beispiel lebensnaher Didaktik, in dem Korbinian Aigner die Dreifaltigkeit anhand der Falten eines Vorhangs im Klassenzimmer erklärt.

Bis in die NS-Akten hinein sichtbar ist sein schlagfertiger, lakonischer Humor, der sich auch in den vielen überlieferten und durchweg glaubwürdigen Anekdoten und oft bissigen Bonmots widerspiegelt.

Reiten konnte der Bauernsohn auch noch im hohen Alter - Pfarrer Aigner beim Leonardiumritt in der Nachkriegszeit

Die Gedenktafel an der Kirche von Hohenbercha wurde zum 100. Geburtstag vom Bayerischen Landesverband für Gartenbau und Landespflege gestiftet.

Die offenkundigen Konflikte mit seinen jeweiligen Kirchenoberen scheinen ihn wenig beeindruckt zu haben. Sie fanden ihr Gegengewicht in der Beliebtheit, die er bei seinen Schülern und seinen Pfarrgemeindemitgliedern genoss. Das Leitmotiv seines Lebens ist der Obstbau, und aus der Distanz könnte leicht der Eindruck entstehen, er sei zu seiner Obsession geworden. Aber der genauere Blick zeigt, dass Korbinian Aigner den Sinn nicht dafür verloren hat, wie diese Leidenschaft einzuordnen ist. Sein Artikel „Jugend und Obstbau", den er als Söllhubener Kooperator im „Wegweiser" veröffentlichte, vermittelt einen Eindruck davon, dass hinter seiner Obsession eine Mission stand: „So wurde vor Ablauf eines Jahres von der Jugend selbst schätzenswerte Kulturarbeit geleistet, die Jugend selbst veredelt, dem Müßiggang entzogen, ihrem Denken und Streben ein Ziel gesteckt. Gerade diese erzieherische Seite der Obstbauarbeiten sollte vielmehr erkannt und geschätzt werden. Die Jugend ist nicht schlimm, aber sie braucht die geeignete Führung!"[36]

Die Förderung der Jugend wird zeitlebens eine seiner wichtigsten Aufgaben: Helmut Hörger empfiehlt er für den Gymnasialbesuch und das folgende Jura-Studium, und von unterwegs schreibt er ihm Postkarten mit belehrenden Anmerkungen, seien es solche zur Kunstgeschichte oder solche über den Obstbau; und wenn die Kommilitonen Helmut Hörgers zu Besuch kamen, schloss er sich gerne der Runde der jungen Leute an.

Die letzten zwei Lebensjahrzehnte zeigen einen Pfarrer Aigner, der sich in den Dienst seiner Gemeinde stellt, deren Zentrum er unverkennbar geworden ist. Immer noch geht er gerne unter die Leute, ins Gasthaus, wenige Schritte von der Kirche und vom Pfarrhaus entfernt. Mehr als eine Zigarre und ein – nur ein – Glas Bier am Abend im Gasthaus benötigte er für sich selbst nicht, wie Zeitzeugen berichten. Auch im Obstbauverband haben sie ihn als einen „gütigen und bescheidenen, aber auch humorvollen und pfiffigen Mann" in Erinnerung behalten.[37]

LANDSHUT ST. MARTIN
Madonna von Leinberger um 1520

Landshut, 29.6.54.
Bei einem Aufenthalt in Landshut hab ich die Martinskirche besichtigt mit der Madonna v. Leinberger, einem der feinsten Kunstwerke der Hochgotik. Bei der gegenwärtigen Restaurierung der Kirche werden viele alte Fresken bloßgelegt. – Ein Beitrag zur Erweiterung Deines kunstgeschichtl. Wissens! Besten Gruß
Dein K. Aigner

Reinerlös für die Restaurierung der St. Martinskirche
Photogr. Aufnahme
Bayer. Landesamt f. Denkmalpflege

Herrn Gymnasiast
Helmut Hörger
b. Famil. Maier
München
Frauenlobstr. 22/4

Bayern
Famil.
Hörger
Hohenbercha
Oberbayern

Bei seinen vielen kleinen Reisen in die nähere und weitere Umgebung vergaß Pfarrer Aigner auch die Belehrung der Daheimgebliebenen nicht: In der Karte aus dem nahe gelegenen Landshut an den Studenten Helmut Hörger finden sich kunstgeschichtliche Erläuterungen; in der Karte aus Einsiedeln beklagt er den Niedergang des Obstbaus in der dortigen Region.

Pfarrer Aigner im Gasthaus Hörger bei der Blumenpflege

Das gut gepflegte Grab des Pfarrers zeigt, dass die Erinnerung an ihn nach wie vor lebendig ist.

Am 21. März 1965 erleidet Korbinian Aigner einen Schlaganfall;[38] im September 1966 erkrankt er an einer Lungenentzündung, wie schon einmal im KZ Sachsenhausen. Er stirbt am 5. Oktober 1966. Am 8. Oktober wird er in seiner Pfarrgemeinde Hohenbercha beigesetzt. An seinem Grab sprechen seine beiden KZ-Leidensgenossen aus dem „Priesterblock“ in Dachau, Weihbischof Johannes Neuhäusler und Prälat Michael Höck.

Pfarrer Aigner um 1965 auf dem Weg von der Kirche

Äpfel und Birnen.
Die Obstbildersammlung des Pfarrers Korbinian Aigner

Ausstellung in Weihenstephan vom 26.9. bis 23.10.2016

Apfel 637
Hibernal

Korbinian Aigner starb am 5. Oktober 1966. Zum Gedenken an seinen 50. Todestag zeigte die Technische Universität München im traditionsreichen „Asam-Saal" auf dem Weihenstephaner Berg in Freising eine Ausstellung von rund 250 Obstbildern Korbinian Aigners. Nachdem die Exponate in den letzten Jahren an vielen Orten Deutschlands, Europas und den USA zu sehen waren, wurden sie nach einem Vierteljahrhundert erstmals wieder dort gezeigt, wo sie herkommen: in Oberbayern.

Die Ausstellung wurde am 25. September 2016 mit einem Festakt eröffnet. Der Präsident der Technischen Universität München, Prof. Dr. Dr. h.c. mult. Wolfgang A. Herrmann, würdigte in einer Ansprache Aigner, dessen Verbundenheit zur Region und die Beziehung zur TU München.

Der Direktor des TUM.Archivs, Prof. Dr. Peter J. Brenner, stellte anschließend die Obstbildersammlung in ihrer Bedeutung für das TUM.Archiv vor. Bei der Gelegenheit übergab Irmgard Kirmair, die Großnichte Aigners, eines seiner Apfelbilder, das sich an versteckter Stelle gefunden hatte, an das TUM.Archiv. Der Präsident der Technischen Universität München und Exzellenz Weihbischof Dr. Bernhard Haßlberger pflanzten im Anschluss einen Korbiniansapfelbaum vor den Hörsaalgebäuden auf dem Weihenstephaner Berg.

TUM-Präsident Prof. Herrmann und Weihbischof Dr. Haßlberger pflanzen einen Korbiniansapfelbaum

1 BayHStA LEA 94 Eidesstattliche Erklärung vom 28.12.1945.
2 Pfister, Das Ende des Zweiten Weltkriegs im Erzbistum München und Freising, S. 1427f. – Die Jahresangabe 1944 ist ein offenkundiger Schreibfehler.
3 Pies, Vom Todesmarsch weggeholt, S. 1067-1069.
4 Pfister, Das Ende des Zweiten Weltkriegs im Erzbistum München und Freising, S. 22.
5 Berger, Chronik Hohenbercha, S. 72-81.
6 Pfister, Das Ende des Zweiten Weltkriegs im Erzbistum München und Freising, S. 1381-1385.
7 Loewe, Der wilde Kontinent, S. 96-99.
8 Pfister, Das Ende des Zweiten Weltkriegs im Erzbistum München und Freising, S. 1382.
9 AEM PA-P III 10.
10 Bauer, Der Apfelpfarrer (Rundfunkaufnahme vom 18.3.1965).
11 Görtemaker, Geschichte der Bundesrepublik Deutschland, S. 202.
12 Hammermann, Vergessen – verfallen – überbaut, S. 19f.
13 BayHStA LEA 94, Eidesstattliche Erklärung vom 18.12.1946.
14 AEM, PA-P III 10. Der Lehrer Franz Josef Schwaiger war seit 1929 in Hohenbercha im Schuldienst; von August 1939 bis Mai 1942 war er zum Heeresdienst eingezogen. Nach Kriegsende wurde er wegen seiner NSDAP-Zugehörigkeit entlassen, 1948 an einem anderen Ort der Region aber wieder eingestellt. Berger, Chronik Hohenbercha, S. 118.
15 BayHStA LEA 94, Entwurf eines Bescheides über Haftentschädigung.
16 BayHStA LEA 94, Aktennotiz Bayerisches Landesentschädigungsamt vom 13.9.1950.
17 Berger, Chronik Hohenbercha, S. 111.
18 Kossert, Kalte Heimat, S. 92-109.
19 Herbert, Geschichte Deutschlands im 20. Jahrhundert, S. 670-672.
20 Reister, Kirchenrat Albrecht Eyring, S. 13-20.
21 Ebert, Reichslandwirtschaftsminister Dr. R. W. Darré, S. 105.
22 Göb-Paunić, Der Verband und seine Vorsitzenden, S. 22f.
23 Schuberth, Anordnung betr. Gleichschaltung, S. 132.
24 Kliegel, Der Obst= und Gartenbau im nationalsozialistischen Staat, S. 166.
25 Schuberth, Lieber Leser!, S. 169.
26 Göb-Paunić, Der Verband und seine Vorsitzenden, S. 27.
27 Aigner, Klerus und Obstbau, S. 64.
28 BayHStA StK Bayerischer Verdienstorden 1147.
29 An jeden Raum pflanz' einen Baum, S. 56.
30 AEM, PA-P III 10, Qualifikation vom 16. Juni 1949.
31 Aigner, Klerus und Obstbau, S. 64.
32 Ebd.
33 So der Titel der Rundfunksendung von 1992.
34 Eine erste Durchsicht dieser Zeitschriften hat nur sehr wenige Artikel mit der Autorenschaft Aigners hervorgebracht. Genauere Recherchen mögen noch den ein oder anderen Aufsatz mehr zu Tage bringen, und es ist auch damit zu rechnen, dass einiges ohne Namensnennung publiziert wurde, aber ein systematischer und kontinuierlicher Artikelschreiber war Korbinian Aigner eindeutig nicht.
35 Aigner, Zum Geleit!, S. 2.
36 Aigner, Jugend und Obstbau, S. 174.
37 Göb-Paunić, Der Verband und seine Vorsitzenden, S. 30.
38 AEM PA-III 10, Brief vom 22. März 1965.

Neue Wege in der Nachkriegszeit: Die Ökonomisierung und Verwissenschaftlichung des Obstbaus

Korbinian Aigner in den ersten Nachkriegsjahren

Die Mitgliederversammlung des Bayerischen Obstbauverbandes vom September 1950 wählt einen Nachfolger Korbinian Aigners. Er selbst wird „angesichts seiner wohl einmaligen Verdienste um den Landesverband und die Förderung des Obst- und Gartenbaues" Ehrenvorsitzender des Verbands. Im Rückblick wird ihm von den Verbandshistorikern ein gutes Zeugnis ausgestellt. Er war weit davon entfernt, sich bloß als Strohmann zu begreifen, da er die Belange des Obstbaus energisch gefördert und den Verband organisatorisch weiterentwickelt und sogar einen Rundfunkaufruf zum Obstanbau an die Bevölkerung gerichtet hatte. Die Aufgaben nach dem Krieg waren enorm. Nicht nur das Verbandswesen, sondern auch der praktische Obstbau waren durch den Krieg massiv geschädigt worden. Seit 1939 gab es keinen Dünger mehr, ebenso wie Pflanzmaterial und Spritzmittel knapp geworden waren. Auch ökonomisch musste sich der Verband neu orientieren. Die in der Weimarer Zeit betriebenen Erwerbstätigkeiten durch den Verkauf von landwirtschaftlichen und gartenwirtschaftlichen Obstbaugeräten, Büchern und Zeitschriften mussten im „Dritten Reich" eingestellt werden, weil jede ökonomische Nebentätigkeit verboten wurde. Diese Tätigkeit wurde dann in den 50er Jahren wieder aufgenommen und in eine eigene, in München ansässige Firma ausgesiedelt, die Obst- und Gartenbaubedarfs e.G.m.b.H. (Ogba). Sie blieb aber wenig erfolgreich und wurde am Ende wieder eingestellt.[1]

Nachdem Korbinian Aigner im September 1950 den Vorsitz des Obstbauverbandes niedergelegt hatte, folgte ihm nach einem kurzen Intermezzo durch den Interimsvorsitzenden Tschurtschenthaler Rudolf Trenkle.

Trenkle war schon seit Jahrzehnten im bayerischen Obstbau tätig, zunächst, seit 1906, als Kreiswanderlehrer in der Oberpfalz und zuletzt, bis zu seiner Pensionierung 1945, als Oberregierungsrat in der Abteilung Landwirtschaft des bayerischen Wirtschaftsministe-

Oberregierungsrat Rudolf Trenkle (1881-1962) nahm seit 1906 wichtige Aufgaben im bayerischen Obstbauwesen wahr und war von 1951 bis 1962 Vorsitzender des Bayerischen Obstbauverbandes.

riums.[2] Im Jahrzehnt seiner Vorstandschaft vollzogen sich einschneidende Veränderungen im Obstbau – nicht nur in Bayern und nicht nur in Deutschland, sondern in ganz Westeuropa und insgesamt auch weltweit. Die Richtung dieser neuen Entwicklungen hatte sich schon seit sehr langer Zeit, eigentlich schon seit der Jahrhundertwende, angedeutet: Immer konsequenter vollzog sich der Wandel vom Selbstversorger- und Liebhaberobstbau zum Erwerbsobstbau, eine Entwicklung, die seit der Gründung der EWG 1958 mehr und mehr auch den Richtlinien der europäischen Agrarmarktpolitik folgte.

Auch für den Obstbauverband ergaben sich einschneidende Veränderungen, die eine Neuorientierung des Verbandes erforderlich machten. Der Verband richtete sich traditionell an den Liebhaber, Selbstversorger- und Nebenerwerbsobstbau, der vom jetzt entstehenden durchrationalisierten und ökonomisierten Erwerbsobstbau eher als Konkurrenz gesehen wurde. Der Erwerbsobstbau suchte sich deshalb seine eigenen Organisationsformen, während der alte Verband sich weiterhin auf die Förderung des Selbstversorger- und Liebhabergartenbaues orientierte, zugleich aber auch die Ortsverschönerung und Landespflege in sein Programm aufnahm. Diese organisatorischen Entwicklungen waren Ende der 60er Jahre abgeschlossen; 1973 gab sich der Verband seinen heutigen Namen „Bayerischer Landesverband für Gartenbau und Landespflege".

In dieser Verbandsentwicklung spiegelt sich die allgemeine Entwicklung des Obstbaus in den Nachkriegsjahrzehnten, die von einer immer stärkeren Ökonomisierung und Akademisierung geprägt ist. Bereits zu Beginn des 20. Jahrhunderts entstehen obstwissenschaftliche Einrichtungen, deren Wurzeln sich bis ins frühe 19. Jahrhundert zurückverfolgen lassen. Von Anfang an war Weihenstephan eines der Zentren der wissenschaftlichen Obstbauforschung und der akademischen Ausbildung.

Bereits 1804 wurde hier die „Kurfürstliche Centralbaumschule" eingerichtet. Eine akademische Ausbildung mit der Einführung eines Hochschulstudiums für Gartenbau an der Landwirtschaftlichen Hochschule wurde mehr als hundert Jahre später, 1930 in Berlin, eingerichtet. Erwin Kemmer wurde der erste Professor am hochschulischen Obstbauinstitut, das in diesem Jahr begründet wurde.[3] Damit wird eine Entwicklung nachvollzogen, die in der Forstwirtschaft schon seit Jahrhunderten und in der Landwirtschaft auch schon seit einem Jahrhundert sich etabliert hatte. Die Entwicklung der akademischen Garten-

Der „Nährberg" in Weihenstephan zu Beginn des 20. Jahrhunderts

bau- und Obstwirtschaft vollzog sich aber, gemessen am Forst- und Landwirtschaftswesen, im Schnelldurchgang. Weihenstephan war dabei von Anfang an ein wichtiges Zentrum.

Der „Centralbaumschule" vom Jahrhundertanfang folgte 1892 eine Gartenbauschule, die der Ausbildung von Garten- und Obstbaupraktikern diente.

Die „Staatliche Lehr- und Versuchsanstalt für Gartenbau" Weihenstephan

Hier wurden praxisnahe Lehrgänge angeboten; die Kurse dauerten zwischen vier Wochen und zwei Jahren; ab 1908 konnte auch ein staatliches Diplom erworben werden. Ursprünglich war diese Gartenbauschule verbunden mit der Hochschule für Landwirtschaft und Brauerei, von der sie aber in den 20er Jahren abgetrennt und als selbstständige Einheit weitergeführt wurde.

Korbinian Aigner hat wohl lockere Kontakte zu diesen Lehr- und Forschungsanstalten in Weihenstephan gepflegt. Dokumentarische Spuren dieser Kontakte sind bislang nicht gefunden worden, es gibt nur vereinzelte Hinweise: In seinem Rundfunkbeitrag zum 80. Geburtstag 1965 berichtet Josef Martin Bauer, dass Korbinian Aigner schon in seiner Freisinger Studienzeit Weihenstephan besucht habe: Nicht nur erlaubte der Direktor des Klerikalseminars – und spätere Weihbischof – Johann Baptist Schauer, „daß Aigner nach Weihenstephan ging, um dort eine ganze Schachtel voll Äpfel auf ihre Sorten agnoszieren zu lassen, sondern daß er den Hausdiener des Klerikalseminars zum Tragen des Äpfelkartons beorderte. In Weihenstephan wirkte damals der berühmte Schinabeck, ein Autodidakt, der eine Fülle

Die Direktoren der Staatlichen Lehr- und Versuchsanstalt für Gartenbau Weihenstephan: Kaiser, Schinabeck, Häberlein

von Kathederblüten hervorbrachte."[4] Joseph Schinabeck war von 1912 bis 1923 einer der Direktoren dieser Höheren Lehranstalt für Gartenbau.

1929 wurden diese Einrichtungen in „Staatliche Lehr- und Forschungsanstalt für Gartenbau in Weihenstephan“ umbenannt. Zu dieser Anstalt hat Korbinian Aigner offensichtlich in persönlicher Beziehung gestanden, die dokumentarisch allerdings noch nicht belegt werden konnte. Ende der 1950er Jahre wurde daraus die Ingenieurschule für Gartenbau Weihenstephan, aus der dann die heutige Hochschule Weihenstephan-Triesdorf hervorging.

Parallel zu dieser Verwissenschaftlichung des Obstbaus vollzieht sich seine Ökonomisierung. Sie erreicht einen Höhepunkt in den ersten Jahren der EWG-Gründung. Aber auch diese Entwicklungen reichen weit zurück, und speziell im „Dritten Reich“ wurden sie weiter forciert. Das „Dritte Reich“ setzte die längst eingeschlagenen Pfade zur Steigerung der Wirtschaftlichkeit fort. Allerdings wurde die nüchterne ökonomische Rationalität ergänzt durch eine „mythisch überhöhte Beziehung zu den Obstbäumen“.[5] Während des Krieges wurden besondere Anstrengungen zur Steigerung der Obsterträge unternommen, etwa durch Straßenpflanzungen und den Anbau von „Primitivsorten“, die resistent, aber nur bedingt für den Rohverzehr geeignet sind.[6] Zugleich gab es wieder die bekannten Auseinandersetzungen zwischen den ökonomisch orientierten Befürwortern einer Sortenbereinigung und den Verfechtern der Sortenvielfalt, die diesmal auch noch ideologische Argumente ins Feld führen konnten: „Lokalbezug und Sortenvielfalt“ wurden gerne auch auf germanische Ursprünge zurückverfolgt.[7]

Letztlich setzte sich aber die ökonomische Richtung durch. In der NS-Zeit wurden erstmals, unter anderem von Rudolf Trenkle,[8] Klassifizierungsnormen entwickelt, die auch später beibehalten und weiterentwickelt wurden.[9] Ganz entgegen späteren eher folkloristischen Vorstellungen von der „Sortenvielfalt“ betrachtete die Obstbauwissenschaft das „Sortenvielerlei als Krebsschaden des deutschen Obstbaues“.[10]

Nach dem Krieg organisiert sich der Obstbau in vielerlei Hinsicht, nicht nur unter Marktgesichtspunkten, neu. Obst- und Gartenbau folgen in den Gründerjahren der Bundesrepublik weitgehend dem Zeitgeist, und der ist rationalistisch und technokratisch orientiert. Unter dem Druck der Versorgungslücken in den Nachkriegsjahren, später unter dem starken Einfluss der EWG-Agrarpolitik setzen sich radikale Tendenzen zur Industrialisierung der Landwirtschaft durch. Davon ist der Obstbau betroffen: „Der Apfel wird zum Industrieprodukt.“[11]

Das zweibändige „Obstbaulehrbuch“ von Rudolf Trenkle erschien erstmals 1935 und wurde zum wichtigen Standardwerk seines Fachgebiets.

Band I.

Neuzeitliche Obstkultur

von Rudolf Trenkle

Landwirtschaftsr. I. Kl., Bayr. Landes-Insp. für Obst- u. Gartenbau, München.

Unter Mitarbeit von Dr. E. Elßmann und Dr. F. Vogel,

Staatliche Lehr- und Forschungs-Anstalt für Gartenbau, Weihenstephan.

Cox Orangen Renette

Roter Boskoop

Starking

Golden Delicious

Jonagold

Granny Smith

Eine Abbildung aus Liebsters „Warenkunde“ von 1988

Die Folgen waren gravierend. Sie veränderten nicht nur den Obstmarkt, sondern auch das Landschaftsbild. Die Siedlungs- und Raumpolitik der Nachkriegszeit verdrängt den Obstbau aus den bewohnten Gebieten und weist ihm eigene Flächen zu. Gleichzeitig verliert der ländliche Raum gegenüber den urbanen Zentren an Bedeutung und wird, besonders durch die Flurbereinigungen, zivilisiert; und in diesen neu kartierten Regionen werden den Obstbäumen ihre eigenen Zonen zugewiesen, sodass sie weiten Teilen der Bevölkerung aus dem Blick geraten und nicht mehr Teil der Alltagskultur sind.[12] Schon seit den 30er Jahren lässt sich die Ökonomisierung des Obstbaus auch am Landschaftsbild ablesen. Die Streuobst- und Straßenpflanzungen sind ökonomisch ohne Bedeutung und werden vernachlässigt. Stattdessen werden neue Baumformen und Anbauweisen entwickelt und durchgesetzt, die den ökonomischen Bedürfnissen eher entsprechen.

Obstbauplantage im „Alten Land" an der Niederelbe in der Nähe Hamburgs. Das „Alte Land" ist eine der ältesten Obstbauregionen Deutschlands. Heute werden hier auf 10 000 ha rund 300 000 Tonnen Äpfel jährlich geerntet.

Der Hochstammobstbau tritt zurück gegenüber dem Halbstamm und dem Buschobstbau, die plantagenartig angebaut werden.[13] Auch die technischen Möglichkeiten entwickeln sich weiter. Neben die Schädlingsbekämpfung treten die Möglichkeiten des Frostschutzes.[14]

In die Entwicklungen des Obstbaus greift seit den 1950er Jahren auch die Politik energisch ein, lange bevor die EWG gegründet wurde und ihrerseits die Landwirtschaft europaweit politisierte. Das alte, seit Jahrzehnten schon auf der Tagesordnung stehende Thema der „Sortenbereinigung" wird jetzt politisch gelöst. Der vom Bundesernährungsministerium initiierte „Emser Beschluß" erhebt die Forderung, dass „für Hoch- und Halbstämme kein Platz mehr sein wird. Streuanbau, Straßenanbau und Mischkultur sind zu verwerfen". Bis 1974 wurden von der EWG Rodungsprämien gezahlt, um die Streuobstwiesen und den Liebhaber- und Nebenerwerbsobstbau zugunsten des Plantagenbaus zu verdrängen und damit diesem nicht zuletzt einen Wettbewerbsvorteil zu verschaffen.[15]

Streuobstwiese in Bayern, 2016

Den entscheidenden Einfluss auf den Obstanbau der Nachkriegsjahrzehnte übt dann seit den 1960er Jahren die Wirtschaftspolitik der EWG aus. Im Agrarsektor entwickelt sich eine massive – bis in die Gegenwart anhaltende – Neigung zur europaweiten Regulierung, die Preisschwankungen auffangen und Überproduktion verhindern will. Sichtbarer Ausdruck

Arbeitsblatt 16

Biologische Vielfalt

Obstplantagen und Streuobstwiesen

Auf einer **Obstplantage** zeigen dir Schilder, in welcher Baumreihe welche Apfelsorte wächst. Die kleinen Bäumchen stehen in Reih und Glied und du kannst die Früchte bequem ernten. Das Gras ist kurz gemäht, alles wirkt sauber und aufgeräumt. Es gibt wenig Platz für andere Pflanzen und für Tiere zum Leben.

Auf einer **Streuobstwiese** stehen große, alte Bäume auf der Wiese. Das Gras ist hoch, denn hier wird nur selten gemäht. Ohne Leiter sind die vielen Früchte kaum zu erreichen. Doch nach getaner Arbeit kannst du dich im Schatten der Baumkronen ausruhen, die vielen schönen Blumen genießen und Tiere beobachten. Leider werden die meisten Streuobstwiesen heute nicht mehr genutzt.

Schon gewusst?
Wer in der Nähe einer Streuobstwiese wohnt, hat Glück! Die großen Bäume sehen nicht nur schön aus, sie produzieren Sauerstoff zum Atmen, halten die Luft angenehm feucht und spenden Schatten.

Jetzt bist du dran!

1. Welches Bild zeigt eine Streuobstwiese, welches eine moderne Obstplantage?
2. Deine Meinung ist gefragt: Was meinst du, warum sehen moderne Obstplantagen so anders aus als die alten Streuobstwiesen?

20

Inzwischen versucht man auch Grundschulkindern mit ministeriellen Lehrprogrammen den Wert von Streuobstwiesen zu vermitteln, die in den 1950er Jahren auf ministeriellen Beschluss gerodet worden waren.

dieser Politik sind die in ganz Europa, und eben auch in Bayern, durchgeführten Rodungen, die zur Verminderung der Obstanbauflächen führten.[16] Es ist ein bekanntes Paradox der Land- und Forstwirtschaftspolitik, dass dem einen Pendelausschlag schnell wieder der andere folgt: Bald nach dem Ende der Rodungsaktionen begannen Initiativen zur Wiederbelebung der Streuobstwiesen, deren ökologische Bedeutung als Biotope langsam erkannt wurde, deren Erträge aber auch als Alternative zum standardisierten Industrieapfel verstanden wurden.[17]

Auch die Wissenschaft widmet sich diesen Fragen in jüngster Zeit wieder. In unmittelbarer Nachbarschaft zur und in enger Verbindung mit der Obstbauforschung der TU München in Weihenstephan entwickelte sich die lange Tradition der Obstbauforschung an der Fachhochschule, später Hochschule für angewandte Wissenschaft, Weihenstephan-Triesdorf, weiter. In der Außenstelle des Instituts für Gartenbau der Hochschule Weihenstephan-Triesdorf, der Versuchsstation für Obstbau Schlachters bei Lindau am Bodensee, betreibt man praxisnahe Kernobstforschung für Bayern. Auch die alte Sortenfrage kommt wieder zu Ehren: Ein groß angelegtes Projekt der Hochschule Weihenstephan-Triesdorf in den Jahren 2013-15 widmete sich der „Erhaltung und Nutzung alter Kernobstsorten im schwäbischen Donautal", wobei 143 bekannte Apfel- und 50 Birnensorten und etwa 100 unbekannte Sorten ermittelt wurden.

Auch die Frage nach dem Pflanzenschutz wird neu gestellt. Seit den ersten Anfängen des sich organisierenden Erwerbsobstbaus in der Zeit um 1900 ist das Spritzen der Obstbaumbestände mit Pflanzenschutzmitteln eine selbstverständliche Vorgehensweise beim Bekämpfen der Pflanzenschädlinge. Die Obstbauzeitschriften dieser Jahrzehnte sind voll von Werbung für Spritzmittel und Spritzgeräte. Um die Jahrhundertwende wurden noch Empfehlungen zur eigenen Herstellung von Kupfervitriolbrühe oder Kupfersodabrühe gegeben,[18] aber auch dieser Zweig der Obstwirtschaft industrialisiert sich bald. Ein wesentlicher Teil der Obstwissenschaft befasst sich in den folgenden Jahrzehnten mit der Frage nach der „Brauchbarkeit", also der Wirksamkeit, und der „Wirtschaftlichkeit" der im Handel erhältlichen Spritzmittel.[19]

Ab den 1960er Jahren ändert sich die Einstellung zur Schädlingsbekämpfung sowohl bei der Politik wie bei den Verbrauchern. Rachel Carson hatte in ihrem bahnbrechenden Buch „The Silent Spring" von 1962 auf die weitreichenden Umweltschäden des damals flächendeckend verwendeten Insektizides Dichlordiphenyltrichlorethan, das unter seinem Handelsnamen DDT berüchtigt wurde, hingewiesen. Seitdem hat die chemische Schädlingsbekämpfung ihre Unschuld verloren. Das Buch hatte in den USA gravierende politische Prozesse gegen Umweltbelastungen ausgelöst und es wurde auch in Deutschland mit Verzögerung stark rezipiert.[20]

Auf chemischen Pflanzenschutz kann der industrielle Obstbau nach wie vor nicht verzichten. Aber die Vorgaben von § 2 des Pflanzenschutzgesetzes von 1986 verpflichten den Erwerbsgarten- und Obstbau genauso wie die Land- und Forstwirtschaft auf die Leitlinien des „integrierten Pflanzenschutzes", in dem chemische Pflanzenschutzmittel so weit wie möglich zurückgedrängt werden zugunsten biologischer, biotechnischer, pflanzenzüchterischer und anbau- wie kulturtechnischer Maßnahmen. Damit eröffnen sich für die wissenschaftliche Forschung und die akademische Lehre neue Aufgabenfelder.

An der Technischen Hochschule München etabliert sich der wissenschaftlich betriebene Obstbau erst ziemlich spät im Zuge dieser gesamtwirtschaftlichen und wissenschaftlichen Entwicklungen, aber er entwickelt sich von Anfang an auf einem hohen Niveau.

Zum 1. August 1953 wurde Günther Liebster als ordentlicher Professor für Obstbau an der Landwirtschaftlichen Fakultät der Technischen Hochschule München in Weihenstephan berufen. Schon im August 1947 hatte der Kultusminister an der TH München ein Diplomgärtnerstudium eingerichtet, aus dem später der Diplom-Agraringenieur wurde. Der Lehrbetrieb begann im anschließenden Wintersemester und wurde zunächst von Lehrbeauftragten durchgeführt.

Prof. Dr. agr. Günther Liebster (1911-2007) war der erste Obstbauprofessor der TH München in Weihenstephan. Er wurde 1953 berufen, baute das Institut für Obstbau an der Landwirtschaftlichen Fakultät auf und leitete es bis zu seiner Emeritierung 1976.

Mit der Berufung Liebsters beginnt an der TH München die wissenschaftliche Erforschung des Obstbaus. Günther Liebster, geboren 1911 in Berlin, war ein Mann der Praxis. Zunächst hatte er eine Gärtnerlehre absolviert, anschließend in Berlin Gartenbau studiert und dort als einer der Ersten die Diplomgärtner-Prüfung abgelegt; 1940 wurde er dann bei Erwin Kemmer in Berlin zum Dr. agr. promoviert. Mit dieser Laufbahn gehörte er zu den Pionieren der akademischen Gartenbau-Ausbildung. Sein beruflicher Weg führte ihn dann weiter in die Verwaltungs- und Verbandstätigkeit; seit 1934 arbeitete er in der Land-

Weihenstephan 1993; im Vordergrund das Versuchsfeld des Obstbauinstituts der TH München

wirtschaftskammer Weser-Ems in Oldenburg, wo er für den gärtnerischen Pflanzenschutz zuständig war. Dazu gehörte insbesondere die Schädlingsbekämpfung im Garten- und Obstbau. In den Folgejahren nahm er vielfältige weitere Aufgaben in diesem administrativ-praktischen Bereich wahr. Er wurde Leiter einer Bezirksstelle für Pflanzenschutz, Leiter der Abteilung Gartenbau der Landwirtschaftskammer Weser-Ems und schließlich Leiter der Obstbauversuchsanstalt Langförden in Süd-Oldenburg, wo er zudem für den Obstbauberatungsring tätig war.[21] An dieser Laufbahn Günther Liebsters vor seiner Berufung lässt sich die Professionalisierung und Akademisierung des Garten- und Obstbaus ablesen.

Liebsters Forschungsinteressen waren weit gestreut. Eines seiner Hauptarbeitsthemen vor seiner Berufung nach München war der Pflanzenschutz. In Weihenstephan wandte er sich insbesondere den Problemen der Obstzüchtung unter den Gesichtspunkten der Marktfähigkeit zu. Die Obstbauwissenschaft steht vor der doppelten Herausforderung, einerseits die Bedingungen zu erforschen, unter denen Obst produziert werden kann, das den Anforderungen des Marktes genügt, und andererseits dieses Obst selbst zu züchten. Günther Liebster bringt diese Entwicklung auf eine einfache Formel: „Der Frage nach dem ‚Wie' ist die nach dem ‚Warum' gefolgt."[22] Die ersten Ansätze dazu entwickelten sich noch auf dem Versuchsgelände in Freising-Vogelherd; aber mehr und mehr verlagerte sich die Forschung ins Labor.[23]

Ein wichtiger Teil von Liebsters Tätigkeit war weiterhin der Pflanzenschutz mit chemischen Mitteln, dem er einen großen Teil seiner Forschungsaufmerksamkeit widmete. Hier war er ein international angesehener Experte.

Der Aufbau des Versuchsfeldes Freising-Vogelherd erfolgte im Wesentlichen noch in Handarbeit. Hier die ersten Pflanzaktionen auf dem Gelände um 1953.

Die Mechanisierung macht auch vor der filigranen Handarbeit nicht Halt: Am Obstbauinstitut Liebsters wurde eine „Veredelungsmaschine“ entwickelt, deren „Veredelungsleistung“ 100 bis 200% über den herkömmlichen Methoden liegt. Die Leistung liegt bei 120 bis 180 Stück pro Arbeitskraft und Stunde

Das zeigen diverse Einladungen ins Ausland zu Kongressen und Fachvorträgen, die damals durchaus noch nicht zu den Selbstverständlichkeiten des akademischen Betriebs gehörten. Liebster gab 1979 nach seiner Emeritierung ein „Wörterbuch der Fachausdrücke des Obstbaumschnittes in fünf Sprachen. Deutsch, englisch, französisch, italienisch, niederländisch“ heraus.

Daneben widmete er sich weiteren Arbeitsfeldern seines Forschungsgebiets. Eine auf dem internationalen Markt erfolgreiche Obstsorte muss viele Voraussetzungen erfüllen: Sie muss leicht zu pflanzen, zu veredeln und zu ernten sein, sie muss resistent sein gegen Schädlinge und wechselnde klimatische Einflüsse, sie muss angepasst sein an den Standort, sie muss nahrhaft, insbesondere

So vorbereitet, konnte das große Veredlungswerk beginnen, das die zweite Hälfte des April, den ganzen Mai und Juni ausfüllte und bei dem mit Hilfe von zwei Dutzend Buben 650 Bäume umgepfropft wurden, größere und kleinere mit je 10—15 Reisern im Durchschnitt, hauptsächlich in den Sorten: Welsch Isnyer, Theuringer Rambour, Schöner von Boskoop, Bosks Flaschenbirne, Neue Poiteau. Was für eine Freude war das bei den Buben, wenn die ersten selbstveredelten Zweige zu treiben begannen! Aber auch strenge Untersuchung stellten sie an, wenn einmal ein Reis nicht anging, wer es aufgepfropft, wer etwa nachlässig gebunden oder verstrichen hatte. Solche Fehler galten als große Schande. Im Laufe der Wochen taten sich einige

Korbinian Aigners Bericht lässt noch den Aufwand erkennen, der bei der Veredelung von Bäumen durch Handarbeit betrieben werden musste.

auch vitaminhaltig sein, sie muss transport- und lagerfähig sein und sie muss nicht zuletzt auch ein ansprechendes Äußeres haben. Von Äpfeln wird traditionell erwartet, dass sie „rotbackig" sind. Nur den Werbestrategen der australischen Sorte Granny Smith ist es gelungen, einen giftgrünen Apfel auf dem Markt zu platzieren, der das Logo der Beatles-Produktionsfirma Apple wurde. Und schließlich wird die ständige Verfügbarkeit rund um das Jahr ein Anspruch, den die Verbraucher mehr und mehr erfüllt sehen wollen.[24]

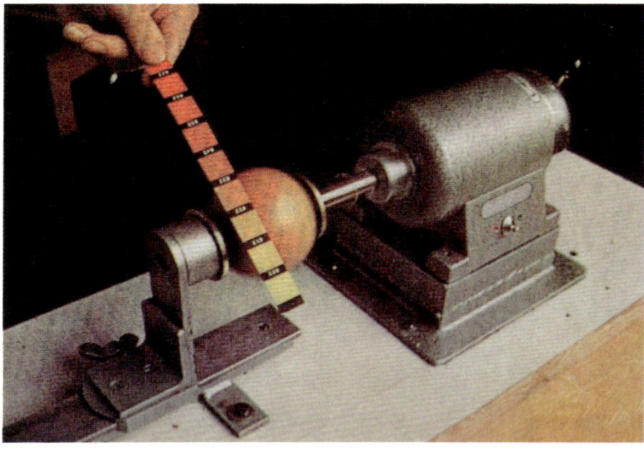

Die Marktgängigkeit von Äpfeln hängt wesentlich von ihrer Farbe ab. Liebster entwickelte ein „Rotationsfarbmessgerät", mit dem der Apfel in Rotation versetzt wird und die dabei durch additive Farbmischung entstehende Farbe mit Farbtafeln verglichen wird. So kann die Farbe von Obst durch Messung standardisiert und normiert werden.

Günther Liebster brachte 1988 seine sehr erfolgreiche und preisgekrönte „Warenkunde Obst & Gemüse" für Verkäufer und Verbraucher heraus.

Liebster setzte auch seine schon früh begonnenen internationalen Kooperationen fort. Kanadische Cranberries, eine Preiselbeersorte, machte er für das mitteleuropäische Klima tauglich, ebenso wurden chinesische Kiwis den atlantischen Temperaturschwankungen angepasst.[25] Mit sichtlichem Stolz vermerkt er in seiner „Warenkunde" für Obst und Gemüse, dass inzwischen auf dem deutschen Markt „exotische Früchte" leicht zugänglich seien, und schließlich bricht er eine Lanze gegen die „Konservenfeindlichkeit" der Verbraucher, für die er angesichts des hohen technischen Entwicklungsstandes der Konservierungsmethoden keinen Grund mehr sieht.[26]

Diese Forschungsarbeiten sind gleichermaßen markt- wie praxisnah angelegt. Grundsätzlich aber wird die seit einem guten Jahrhundert überwiegend von Freizeitpomologen betriebene Baumzucht immer stärker in akademische Bahnen gelenkt. Die Tradition der klassischen Pomologie spielt hier kaum eine Rolle. 1976 folgte auf den Institutsgründer Liebster Walter Feucht als Ordinarius für Obstbau, der sich auf Forschungen zur Pflanzenphysiologie unter biochemischen Gesichtspunkten konzentrierte.

Walter Feucht (*1929) war der Nachfolger Günther Liebsters auf dem Lehrstuhl für Obstbau.

Nach der Emeritierung Walter Feuchts übernahm Dieter Treutter (1956-2016) das Fachgebiet Obstbau und setzte den Weg seiner beiden Vorgänger in der wissenschaftlichen Forschung und Lehre fort.

Der Weg, den die Obstbauforschung in Weihenstephan gegangen ist, lässt sich gut an den wissenschaftlichen Arbeiten ablesen, die am Institut für Obstbau erstellt wurden: Die erste Dissertation stammte von Gerda Pesserl, die die akademische Lehre in den Jahren vor der Berufung Günther Liebsters getragen hatte. Der Titel ihrer Doktorarbeit aus dem Jahre 1954 lautete: „Grundlagen zur Obstbauplanung in Ober- und Niederbayern unter besonderer Berücksichtigung der erwerbsobstbaulichen Möglichkeiten.“ Knapp vier Jahrzehnte später, 1991, legte Dieter Treutter seine Habilitationsschrift vor: „Bedeutung von Catechinen und Proanthocyanidinen für Obstbauer und Verbraucher. Eine Studie über die Analytik, das Vorkommen und die pflanzenphysiologische, phytopathologische und ernährungsphysiologische Bedeutung der kondensierten Tannine und ihrer monomeren Vorstufen.“

Dieter Treutter übernahm 1999 die Leitung des Fachgebiets Obstbau der Technischen Universität München in der Nachfolge des Ordinarius Walter Feucht. Seit den 80er Jahren liegt ein Schwerpunkt der Arbeit am Institut für Obstbau in der Erforschung von Verfahren zur Ermittlung von Abwehrstoffen in Pflanzen. So abstrakt sich das anhören mag – auch diese Forschungen haben stets ihren Bezugspunkt in den praktischen Erfordernissen des Obstbaus, wie sie auch die Pomologen schon ein Jahrhundert lang im Auge hatten. Im Nachruf auf den im Mai 2016 viel zu früh verstorbenen Obstbauforscher heißt es: Es gab „kaum einen zweiten Wissenschaftler, der wie Dieter Treutter außer in der Wissenschaft in der obstbaulichen Praxis beheimatet ist.“

Das Gewächshauslaborzentrum Dürnast ist eine Forschungseinrichtung des Wissenschaftszentrums Weihenstephan der TUM; hier hat das Fachgebiet Obstbau seinen Sitz

So wurde auch der Lehrstuhl für Obstbau ein Teil jenes einflussreichen Netzwerkes von ernährungs-, landwirtschafts- und brauereiwissenschaftlichen Einrichtungen in Weihenstephan, die heute im „Wissenschaftszentrum Weihenstephan" der TU München zusammengefasst und weiterentwickelt werden. In den folgenden Jahrzehnten ist nahezu der ganze Beamtenapparat in der bayerischen Landwirtschaftsverwaltung ebenso wie die Wissenschaftler in den Forschungs- und Versuchsanstalten aus diesen Lehr- und Forschungseinrichtungen der TH und TU München und auch der Fachhochschule, später Hochschule Weihenstephan-Triesdorf in Weihenstephan hervorgegangen.[27]

Korbinian Aigner ist den Weg zur Ökonomisierung und Verwissenschaftlichung nicht mehr mitgegangen. In der neuen Epoche des Obstbaus hat der „Apfelpfarrer" keinen Platz mehr finden können. In einem Nachruf heißt es: „Er war lange Jahre ein sehr geschätztes Beiratsmitglied der Staatlichen Lehr- und Forschungsanstalt für Gartenbau in Weihenstephan"; das dürfte sich auf die Zeit nach dem Zweiten Weltkrieg beziehen.[28] Sicher wird man auch in der Wissenschaft seinen praktischen Rat geschätzt haben, aber die Zeit der Pomologie war zu Ende gegangen.

Ein Jahr vor seinem Tod schreibt sein früherer Schüler in Scheyern und jahrzehntelanger Freund Josef Martin Bauer einen Radioessay über seinen alten Lehrer. Er hört sich an wie ein Abgesang auf eine untergehende Epoche: „Er regiert nicht mehr über die Obstbäume wie einst, denn er weiß, daß sein Wirken vollendet und seine Lebensarbeit getan ist. Die Zeiten sind anders geworden und was dieser Wissenschaftler im Priesterrock zeit seines Lebens gewirkt hat, das klingt heute etwas anders nach in den Zeiten eines gemeinsamen europäischen Marktes. Sic transit beatissime pater gloria mundi."[29]

1 Göb-Paunić, Der Verband und seine Vorsitzenden, S. 30; S. 34.
2 Ebd., S. 32.
3 Liebster, Der deutsche Obstbau, S. 193-195.
4 Bauer, Der Apfelpfarrer.
5 Böge, Äpfel, S. 82.
6 Ebd., S. 83-85.
7 Ebd., S. 99.
8 Trenkle, Obstbaulehrbuch I, S. 156-165.
9 Böge, Äpfel, S. 101.
10 Liebster, Der deutsche Obstbau, S. 158.
11 Böge, Äpfel, S. 107.
12 Ebd., S. 106-111.
13 Liebster, Der deutsche Obstbau, S. 159-164.
14 Böge, Äpfel, S. 112.
15 Degenbeck, Zur Situation der Streuobstbestände, S. 8.
16 Liebster, Der deutsche Obstbau, S. 175; Böge, Äpfel, S. 115.
17 Degenbeck, Zur Situation der Streuobstbestände, S. 13f.
18 Ulrich, Leitfaden für den Unterricht im Obstbau, S. 95f.
19 Trenkle, Obstbaulehrbuch I, S. 291.
20 Radler, Kindlers Literaturgeschichte der Gegenwart, S. 53; S. 142.
21 TUM.Archiv PA Professoren, Liebster.
22 Liebster, Der deutsche Obstbau, S. 185.
23 Treutter/Feucht/Liebster, 40 Jahre Wissenschaft für den Obstbau, S. 9.
24 Böge, Äpfel, S. 158-163.
25 Pabst, Technische Universität München, S. 550.
26 Liebster, Warenkunde, S. 8; S. 10.
27 Pabst, Technische Universität München, S. 551.
28 H. H. Pfarrer Korbinian Aigner †, S. 255.
29 Bauer, Der Apfelpfarrer.

Korbinian Aigners Obstbildersammlung: Lehrwerk, Kunstwerk und Archivgut

Korbinian Aigner blieb unvergessen. In seinen unmittelbaren Wirkungskreisen, den Pfarrgemeinden und Obstbauvereinen, ist die Erinnerung an ihn bis in die Gegenwart wach geblieben. Eine ganz eigene Nachwirkung erfuhr er aber durch seinen Nachlass. Er vermachte knapp 900 Apfel- und Birnenbilder dem Lehrstuhl für Obstbau der Technischen Hochschule München, vertreten durch Prof. Dr. Günther Liebster. Am 12. Oktober 1966 teilt das Amtsgericht Freising – mit dem Korbinian Aigner 1939 ja schon einmal zu tun gehabt hatte – Günther Liebster in einem Schreiben einen Auszug aus Korbinian Aigners Testament mit. Der Erblasser hatte verfügt, dass der Alleinerbe, Korbinian Aigners Bruder Simon, „meine Obstbildersammlung" an die Technische Hochschule München „nach meinem Ableben vermächtnisweise hinauszugeben" habe. Die Technische Hochschule hat das Erbe dankbar angenommen und zunächst in den Räumlichkeiten des Instituts für Obstbau in Weihenstephan verwahrt. Willi Votteler, der sich als Erster mit seinem Obstsortenbuch um die Verbreitung der Aigner-Bilder verdient gemacht hat, würdigt diese Entscheidung Korbinian Aigners als einen Glücksfall. Denn sonst wären die Bilder „in alle Winde verstreut worden",[1] genauer gesagt: Sie wären verbrannt worden, wie es mit den anderen Hinterlassenschaften Korbinian Aigners, den dörflichen Usancen folgend, geschehen ist.

Korbinian Aigner vermachte seine Obstbildersammlung dem Institut für Obstbau der TH München, dessen Direktor Günther Liebster war.

Korbinian Aigner hat die Bilder dem Lehrstuhl „nicht zuletzt aus der persönlichen Verbundenheit zum damaligen Lehrstuhlinhaber, Prof. Dr. G. Liebster", heraus vermacht.[2] Korbinian Aigner wird die Hochschule als der richtige Ort für diesen Nachlass erschienen sein; ganz sicher war ihm daran gelegen, dass die Bilder weiter für den Zweck verwendet wurden, für den er sie geschaffen hat: zum pomologischen Unterricht.

Beziehungen Korbinian Aigners zu den obstbaulichen Forschungs- und Lehreinrichtungen in Weihenstephan müssen schon früh bestanden haben. Josef Martin Bauer, der sich sicher auf persönliche Erzählungen Korbinian Aigners stützen kann, berichtet davon, dass dieser zu seiner Freisinger Ausbildungszeit regelmäßig einen guten persönlichen Kontakt nach Weihenstephan gehabt habe. Er war auch Beiratsmitglied der Staatlichen Lehr- und Forschungsanstalt für Gartenbau in Weihenstephan, die allerdings keine Einrichtung der TH München war.[3]

-38-

Sandboden finden und umgesetzt.
Die Folge müßte sein, daß die
Bäume bald verkümmerten.
Sorten die den Wind nicht er-
tragen können, standen oft
an der allerwindigsten Stelle
des Gartens und dann be-
klagten sich die Leute, daß
bei ihnen das Obst schon vor
der Reife zu Boden falle. Als
ein besonderer Übelstand müßte empfunden werden, daß

Von den zahlreichen Bildern, die Korbinian Aigner außerhalb seiner Obstbildersammlung gemalt hat, sind nur wenige erhalten. Charakteristisch ist die Vorliebe für Natur- und Landschaftsmotive, die in konventioneller, streng naturalistischer Manier und mit hoher handwerklicher Perfektion ausgeführt werden.

Es gibt kaum Hinweise darauf, wann Korbinian Aigner angefangen hat, die Obstbilder zu malen. Jedenfalls war er ein leidenschaftlicher Maler, der sich bei weitem nicht nur den Obstsorten gewidmet hat. Einige wenige Tier-, Pflanzen- und Landschaftsbilder sind erhalten, deren Datierung bis 1907 zurückreicht.

Auch die Zeichnungen im Gründungsprotokoll des Hohenpoldinger Obstbauvereins geben noch einen Eindruck von der Kunstfertigkeit des Malers Korbinian Aigner.

Die Anfänge der Obstbilder reichen weit zurück in seine Jugendzeit. Josef Martin Bauer erzählt, dass er schon zu seiner Schulzeit im Luitpolds-Gymnasium angefangen habe, Obstbilder zu malen und dass im Laufe des Lebens rund 3000 solcher Bilder entstanden seien. Unmöglich ist das nicht; es ist wahrscheinlich sehr viel verloren. Erzählt wird auch, dass es nicht etwa die Obstbäume seines Hohenpoldinger Heimatortes gewesen seien, die ihn zum Malen inspiriert hätten, sondern das Warenangebot auf dem Münchener Viktualienmarkt.[4] Der nächste Hinweis auf das Entstehen der Bilder ist eine kurze Bemerkung in Aigners Gründungsprotokoll des Hohenpoldinger Obstbauvereins. In dem Text beschreibt Korbinian Aigner die Tätigkeit des Vereins in den Jahren nach der Gründung; und hier gibt er den beiläufigen Hinweis, dass der „Vorstand“, nämlich der Kandidat der Theologie Korbinian Aigner selbst, den Bauersfrauen bei der Belehrung über den Obstbau „nach der Natur gezeichnete Bilder“ vorgelegt habe. Das darf man wohl als einen Hinweis auf seine eigenen Apfel- und Birnenbilder verstehen. Diese Deutung würde sich in das Gesamttableau der Überlieferungsgeschichte einfügen.

Das Bild des Malers Charles Vetter zeigt den Viktualienmarkt um 1900. Einer ungesicherten Überlieferung zufolge könnte Korbinian Aigner hier während seiner Münchener Schulzeit die Anregung für seine Obstbilder erhalten haben.

Korbinian Aigner hat die Bilder durchgehend, also wahrscheinlich seit der Münchener Schulzeit im Luitpolds-Gymnasium und spätestens seit 1911, bis zu seinem Tod 1966, nach dem gleichen Muster gemalt. Alle Bilder haben mit ca. 120 x 160 Millimetern eine annähernd gleiche, nämlich ungefähr Postkartengröße. Dem TUM.Archiv der TU München sind 601 Apfel- und 275 Birnenbilder überliefert. Etliche gelten als verschollen.

Die Bilder sind auf dünnen Karton von unterschiedlicher Qualität gemalt. Zum Teil handelt es sich wohl um Produkte aus der Schreibwarenhandlung, zum guten Teil aber sind es selbst zugeschnittene alte Aktendeckel.

Die Bilder sind auf der Vorderseite durchgehend nummeriert, und es gibt Anhaltspunkte dafür, dass diese Nummerierung im Groben eine chronologische Ordnung kennzeichnet. Eine genaue Chronologie aber bezeichnen sie eindeutig nicht.

Auf der Rückseite finden sich in der Regel die handschriftlich verfassten Sortenbezeichnungen, mitunter auch Notizen in Kurzschrift. Teilweise lassen sie sich Aigners Hand zuschreiben. Grundsätzlich sind aber verschiedene Handschriften unbekannter Autoren zu erkennen. Korbinian Aigner selbst wird die Sortenbezeichnungen auf den Bildern nicht nötig gehabt haben – er erkannte seine Äpfel und Birnen auch ohne Beschriftung. Der THM-Lehrstuhl für Obstbau hat erstmalig Titellisten nach den Bildern erstellt, und der Gartenbauingenieur Willi Votteler hat dann den Sorten in seinem 1986 erschienenen Werk „Verzeichnis der Apfel- und Birnensorten“ die in der Fachwelt gebräuchlichen Bezeichnungen zugewiesen.

Die Rückseiten der Aigner-Bilder sind mit Notizen unterschiedlicher Art, zum guten Teil auch solchen, die nicht von Aigners Hand stammen, versehen.

Das Thema der Obstsortenbezeichnungen ist freilich ein weites Feld. Bereits vor der Standardisierung des Obstbaus durch die EWG-Normierungen hat es viele etablierte Apfel- und Birnennamen gegeben; aber daneben gab und gibt es eine Vielzahl von Doppel- und Lokalbezeichnungen, sodass man mit einiger Verwirrung rechnen muss. Votteler verzeichnet in seinem Werk weit über 3000 Doppelnamen und an anderer Stelle wurden allein für den Apfel 4000 Sortennamen, 4000 Synonyme und 700 Namen von Mutanten gesammelt.[5]

Korbinian Aigner malte die Früchte möglichst in Originalgröße; Ausnahmen machte er nur bei übergroßen Sorten. Dabei muss man sich vor Augen halten, dass die vorindustriellen Äpfel und Birnen in der Regel deutlich kleiner waren als die heute marktgängigen Sorten. Der Zeitzeuge Anton Bauer berichtet einer Journalistin, dass Korbinian Aigner seine Apfelbilder – naturgemäß – in der Erntezeit von August bis November gemalt habe. Auch habe er sich Äpfel aus ganz Europa als Vorlage für seine Aquarelle schicken lassen.[6]

Bilder als Vorlage für eine Sortenbestimmung zu nehmen, ist eine intrikate Angelegenheit. Denn die einzelnen Exemplare ein und derselben Sorte können sehr unterschiedlich ausfallen, je nach Wachstums- und Klimabedingungen, Boden- und Höhenlage und natürlich auch je nach Reifegrad. Um diesen zu erfassen, hat Korbinian Aigner oft mit einem Buchstaben den Monat und mit einer Ziffer die Woche bezeichnet. Von ganz seltenen Ausnahmen abgesehen, hat er die Früchte jeweils paarweise abgebildet, sodass sowohl Blüte wie Stiel zu sehen sind. Auch hier folgt er der pragmatischen Bestimmung seiner Bilder. Um eine Obstsorte zu identifizieren, muss man die Form von der Seite sehen können, der Stiel und die Kelcheinsenkung müssen erkennbar sein und auch die Blätter können eine große Hilfe bei der Sortenbestimmung sein.[7] Sie allerdings hat Korbinian Aigner nicht mit abgebildet.

Die mit zarten Bleistiftstrichen vorgezeichneten Bilder sind fast durchgängig mit einfachen Wasserfarben, wie sie in jedem Schulmalkasten zu finden sind, in Aquarelltechnik angefertigt. In manchen Bildern setzt er Lichtreflexe mit Deckweiß in der aufwendigeren, aber prinzipiell gleichartigen Gouache-Technik auf die Früchte. Die Übermalungen mit Buntstiften wurden wahrscheinlich nachträglich von unbekannter Hand vorgenommen. Es ist unverkennbar, dass Aigner im Laufe der Jahrzehnte seine Technik perfektioniert hat. Die Bilder, die man einer früheren Phase zuordnen kann, haben einen einfarbigen, flächig gemalten, meist schwarzen Hintergrund. Einzelne Bilder sind auch nicht vollständig ausgeführt worden.

Einige Bilder in dem Nachlass sind nicht fertiggestellt worden.

Später geht Aigner dazu über, den Hintergrund ungefähr hälftig horizontal aufzuteilen und farblich zu differenzieren, der obere Teil ist oft andeutungsweise als Hintergrund mit blauen Wölkchen ausgestaltet. Die Früchte sind strikt naturalistisch gemalt und mit Bedacht ausgearbeitet, mit zunehmend feinerem Pinselstrich. Viele Bilder sind unten rechts mit der schlichten Signatur „KA", „K" oder „K. Aigner" gezeichnet. Maltechnisch hat der Laie Korbinian Aigner, der die Grundlagen dieses Handwerks wohl im darauf spezialisierten Luitpolds-Gymnasium erlernt hat, im Laufe der Jahrzehnte eine hohe Perfektion erreicht.

Trotz aller Meisterschaft bleibt es dabei, dass die Bilder zu Lehr- und nicht zu künstlerischen Zwecken benutzt wurden. Viele der Bilder zeigen Abnutzungsflecken vom häufigen Gebrauch. Denn der war offensichtlich der Sinn des Aufwandes, den Aigner betrieben hat. Auch hier trifft Willi Votteler den Sachverhalt sicher genau: „Er schuf sich deshalb mit seinen Bildern ein eigenes Nachschlagewerk; nichts anderes als eine Kartei; ohne irgendwelche künstlerischen Ambitionen. Diese Kartei wurde rege benutzt. Den Bildern erging es dabei wie den Abbildungen in alten Kräuterbüchern: die ersten sind am stärksten lädiert."[8]

Bisher übersehen wurde der Umstand, dass Korbinian Aigner selbst einen kleinen Teil dieser Bilder publiziert hat: 1952 erschien im einschlägigen Fachverlag Graser ein leporelloartig angelegtes Tafelwerk, in dem 25 von Aigners Birnenbildern abgedruckt wurden. Ergänzt wurden sie durch ein kurzes Vorwort und genaue Sortenbeschreibungen, bei denen sich Aigner nach eigener Auskunft auf das „Obstsortenwerk des Bayr. Landesverbandes für Obst- und Gartenbau von Herrn Oberregierungsrat Dr. Rudolf Trenkle" stützt.[9] Hier wird es sich um Trenkles schmale, 36-seitige Broschüre „Bayerische Obstsortenliste" von 1931 handeln.[10]

Ihre eigentliche Wirkungsgeschichte entfaltet die Bildersammlung aber erst nach Korbinian Aigners Tod. Unter den Lehrstuhlinhabern für

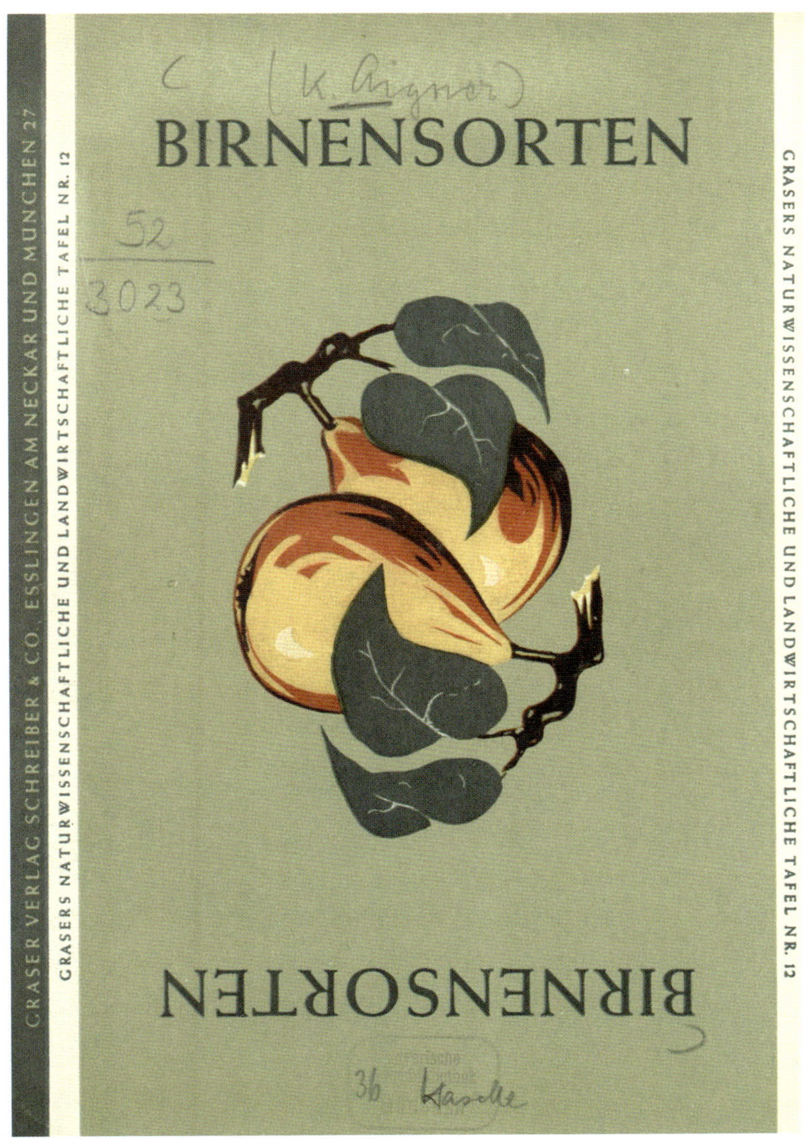

Dieses Leporello mit 25 seiner Birnenbilder,
das 1952 in „Graseres naturwissenschaftlichen und landwirtschaftlichen Tafeln“ erschien,
ist die einzige bekannte Veröffentlichung von Aigner-Bildern zu seinen Lebzeiten.

Obstbau, Prof. Günther Liebster und seinem Nachfolger Prof. Walter Feucht, wurde die Bildersammlung in diesen ersten Jahrzehnten betreut von Diplomgärtner Elmar Christ, der seit 1964 an dem Lehrstuhl beschäftigt war.[11] Er erinnert sich, dass die Bilder in einem ungeordneten Zustand, teils in Schuhkartons und ähnlichen Behältnissen, dem Lehrstuhl aus dem Nachlass übergeben wurden.

Der Obstbauer Anton Bauer in Jarzt, nahe bei Hohenbercha gelegen, hat sich in den 1980er Jahren um die Wiederentdeckung Korbinian Aigners, dessen Ministrant er gewesen war, große Verdienste erworben.

Die öffentliche Wirkungsgeschichte der Bilder begann am 11. Mai 1985. Mit Beharrlichkeit hatte der Landwirt und Vorsitzende des Gartenbauvereins Fahrenzhausen und Hohenbercha, Anton Bauer, erreicht, dass zum 100. Geburtstag Korbinian Aigners eine Feier mit einer Ausstellung seiner Bilder im Gasthaus Graßl in Appercha stattfinden konnte. Damit wurden die Bilder öffentlich bekannt.[12] Anton Bauer war Korbinian Aigner nicht nur als Ministrant verbunden, sondern er hat später auf dem vom Vater ererbten Bauernhof in Jarzt, der jetzt vom Sohn weitergeführt wird, selbst einen ausgedehnten Obstanbau betrieben und für die Verbreitung des „Korbinianapfels“ gesorgt. Auch Votteler hatte sich von Anfang an stark für eine Verbreitung der Bilder engagiert und zahlreiche Vorträge dazu gehalten. Auf diese Weise wurden die Bilder zumindest in pomologischen Fachkreisen bald bekannt.

Anton Bauer jr., hier neben einem Korbiniansapfelbaum, führt den Obstladen mit Plantage fort.

Den endgültigen Durchbruch in der öffentlichen Wahrnehmung erzielten die Bilder dann mit der Ausstellung im Münchener Alten Rathaus vom 11. September bis 4. Oktober 1992 durch das Kulturreferat der Landeshauptstadt München 1992. Ein großes Publikum erreichte im Folgejahr die Ausstellung „Äpfel & Birnen des Korbinian Aigner“ im Diözesanmuseum Freising. 1996 gab es noch einmal in München, diesmal in der „Neuen Sammlung“, eine Ausstellung mit Aigner-Bildern: „Das Schöne, das Nützliche und die Kunst“.

In den 1990er Jahren hat es eine ganze Reihe weiterer Ausstellungen gegeben, oft veranstaltet von Obstbau-Kreisverbänden: in Ingolstadt, Schwandorf, Eichstätt, Aschaffenburg, Gersthofen, Neuburg-Schrobenhausen, Ladenburg, Wetzlar und in Zürich wurden Aigner-Bilder gezeigt. Weiterhin zeigte die Messe Bozen von 31. Mai bis 3. Juni 2000

Den Korbiniansapfel als Wirtschaftsgut

Willi Votteler (1938-2014) hat mit den Büchern „Verzeichnis der Apfel- und Birnensorten" und „Äpfel & Birnen, gesehen und gemalt von Korbinian Aigner", sowie zahlreichen Vorträgen seit den 1980er Jahren maßgeblich dazu beigetragen, dass Korbinian Aigner wieder einer großen Öffentlichkeit bekannt wurde. Nach Gärtnerlehre und Studium in Weihenstephan und Tätigkeiten im Ausland war Willi Votteler über 20 Jahre im Landesverband als Verlagsleiter und Herausgeber des „Praktischen Gartenratgebers" prägend tätig.

516 Bilder, ebenso wie das Naturkunde-Museum in Bamberg, die Kunst- und Ausstellungshalle der Bundesrepublik Deutschland in Bonn und das Südtiroler Apfelmuseum in Lana Ausstellungen mit Aigner-Bildern durchführten. Der „Hagedornapfel" Nr. 184 wurde auf ein T-Shirt gedruckt, und in ein Lesebuch für die 2. Klasse wurden im Jahr 2000 acht Apfelsortenbilder von Korbinian Aigner aufgenommen.

245

GALERIE IM RATHAUS

Apfel- und Birnenbilder des Pfarrers Korbinian Aigner

Eröffnung im Rathaus, Marienplatz
Donnerstag, 10. September 1992, 18.00 Uhr

Begrüßung: Judith Schmalzl, Stadträtin der Landeshauptstadt München

Einführung: Willi Votteler, Bayerischer Landesverband für Gartenbau und Landespflege

Ausstellungsdauer: 11. September bis 4. Oktober 1992
Öffnungszeiten: täglich 10.00 bis 15.30 Uhr

KULTURREFERAT DER LANDESHAUPTSTADT MÜNCHEN
Rindermarkt 3–4, 8000 München 2

258 Gartenratgeber 9/92

Mit der Ausstellung im Münchener Rathaus wurde erstmals ein breiteres Publikum für die Aigner-Bilder angesprochen.

Auch die Medien wurden auf Korbinian Aigner aufmerksam. Unmittelbar nach der Ausstellung im Münchener Rathaus erschien zur Jahreswende 1992/93 die dreiteilige Artikelserie in der „Süddeutschen Zeitung" des Journalisten Falk Ohorn. Er war der Erste, der archivarische Quellen gesichtet, zu einem Lebensabriss ausgearbeitet und veröffentlicht hat. Nicht zu Unrecht hat man dieser

Darstellung den Vorwurf gemacht, sie sei „eine teilweise zu stark psychologisierende und in vielen Urteilen anachronistische und fehlerhafte“ Arbeit,[13] aber das Verdienst, das Leben Korbinian Aigners einer größeren Öffentlichkeit vorgestellt zu haben, lässt sich ihr nicht nehmen. Allerdings ist sie auch verantwortlich für die Verengung und einseitige Festlegung des Aigner-Bildes auf seine KZ-Haft und seine danach immer und immer wieder zitierte angebliche Affinität zum „Weiblichen“, die von Zeitzeugen energisch bestritten wird.

1994 sendete der Bayerische Rundfunk ein Feature von Ulrich Chaussy, „Die Poesie der Landwirtschaft: Das Leben des Apfelpfarrers Korbinian Aigner“. 2004 drehten Bernt Engelmann und Gisela Wunderlich den Film „Korbinian Aigner. Ein bayerischer Dorfpfarrer zwischen Obstbau und Hochverrat“.

Im Oktober 1998 brachte das „Süddeutsche Zeitung Magazin“ eine Reportage über „Die 150 besten Äpfel Deutschlands“, in der 150 von Korbinian Aigners Apfelbildern mit einem kurzen Begleittext zur Biographie abgedruckt wurden. Der Abdruck erfolgte offensichtlich nach dem Obstsortenwerk Vottelers; ein Hinweis auf die eigentliche Besitzerin und Inhaberin der Urheberrechte, die TU München, fehlt.[14] Auch an vielen anderen Stellen erschienen Würdigungen Korbinian Aigners, meist mit pomologischem, zeitgeschichtlichem oder lokalhistorischem Bezug, die sich offensichtlich durchgehend auf Ohorns Recherchen stützten. Einen ersten Gesamtüberblick über das Leben Korbinian Aigners gab dann der Direktor des Freisinger Dom-Gymnasiums, Hans Niedermayer, in den Jahresberichten des Dom-Gymnasiums 1996/97.

Den eigentlichen Durchbruch erfuhren die Bilder fast drei Jahrzehnte nach der ersten Ausstellung in Jarzt: Im Jahr 2012 wurden seine Bilder bei der dOCUMENTA (13) ausgestellt. Die Kuratorin der Ausstellung, Carolyn Christov-Bakargiev, hat zwei raumhohe Ausstellungswände mit insgesamt 402 gerahmten Bildern, die seitens der TU München als Leihgabe überlassen worden waren, gezeigt. Durch die Großflächigkeit der Ausstellung wurde erstmals deutlich, dass es sich hier um ein Gesamtwerk handelt. Durch diese Ausstellung wurde das Werk Korbinian Aigners als „Werk“ erkennbar und zugleich mit einem Hauch von Einzigartigkeit umgeben. Denn für sich genommen sind seine Apfel- und Birnenbilder keineswegs einzigartig. Das zeigt ein Blick in die Kunstgeschichte und in die Geschichte der botanischen Illustrationen. Einzigartig werden sie erst, wenn man sie als Gesamtwerk betrachtet. Nach dem pomologisch interessierten Werk von Votteler erschien eine Auswahl der Bilder in der edition spangenberg mit dem Titel „Äpfel & Birnen, gesehen und gemalt von Korbinian Aigner“ im Jahre 1993, mit einem Vorwort von Votteler. Der Matthes & Seitz-Verlag veröffentlichte schließlich 2013 eine eher ästhetisch inspirierte, bibliophil aufgemachte Edition aller verfügbaren Obstbilder mit einem bemerkenswerten Vorwort der Kunstjournalistin Julia Voss, herausgegeben von Judith Schalansky.

Diese Installation – so kann man es nennen – auf der Documenta hat weltweit Aufmerksamkeit erregt. Seitdem werden Aigners Bilder in der Fachwelt, aber auch in den Feuilletons, als künstlerisch-kultureller Bestand wahrgenommen. Auch das hatte weitere Nachwirkungen: Die Zachêta National Gallery of Art in Warschau zeigte in ihrer Ausstellung „Progress and Hygiene” vom 28. November 2014 bis 15. Februar 2015

Durch die Ausstellung bei der dOCUMENTA(13) im Jahre 2012 wurden die Bilder weltberühmt.

Aigner-Bilder. Eine größere Ausstellung von Aigner-Bildern im nicht-bayerischen Deutschland fand 2015 im Kreismuseum Zons bei Dormagen, einer alten Apfelregion, statt. 2016 überquerten dann 100 Bilder den Atlantik für die Ausstellung „The Keeper" im New Museum of Contemporary Art in New York.

Korbinian Aigners Bilder sind seit der dOCUMENTA(13) buchstäblich weltberühmt geworden. Ob ihm das recht gewesen wäre, kann man bezweifeln – es war nicht seine Art, nach öffentlichem Ruhm zu streben. Dass aber mit seinen Bildern das Interesse am Obstbau und überhaupt an der natürlichen Schöpfung geweckt und vertieft wird, ist ganz bestimmt in seinem Sinne. Nicht immer folgen die Ausstellungen und Publikationen diesem Leitfaden. Speziell die dOCUMENTA(13) hat einiges dazu beigetragen, die Rezeption der Aigner-Bilder auf eine falsche Fährte zu locken. Denn die Ausstellung begnügte sich nicht damit, die Bilder zu zeigen, sie musste sie auch kommentieren. Die künstlerische Leiterin der Ausstellung, Carolyn Christov-Bakargiev, eine US-amerikanisch-italienische Kunsthistorikerin bulgarischer Herkunft, hat sich ihr eigenes Bild gemacht: „Wenn Aigners Züchtung neuer Apfelsorten ein poetischer Akt des Widerstands im Angesicht des Völkermordes war, so bringen die Namen, die er ihnen gab, zum Ausdruck, dass keine Manifestation des Lebens von der Pervertierung des aufgeklärten Denkens im Faschismus unberührt existieren konnte. In diesem Licht betrachtet bilden Aigners KZ-Äpfel ein bewegendes Symbol für den Holocaust als den Sündenfall der Moderne."[15]

Der dOCUMENTA (13) Katalog verbreitet eine anfechtbare Deutung der Aigner-Sammlung.

Man liegt sicher nicht ganz falsch, wenn man diese Deutung als „Kunstkritikerschmarrn" beiseiteschiebt.[16] Mit solchen phantasievollen, aber auch sehr beliebigen und wenig sachkundigen Interpretationen legt sich die moderne Kunstszene ein Bildkorpus zurecht und macht es sich zugänglich, das ihr ganz und gar fremd sein muss. Nicht klarer wird es, wenn man das Vorwort des dOCUMENTA (13)-Katalogs zum besseren Verständnis heranzieht: „Die dOCUMENTA (13) wird von einer ganzheitlichen und nichtlogozentrischen

Vision angetrieben, die dem beharrlichen Glauben an wirtschaftliches Wachstum skeptisch gegenübersteht. Diese Vision teilt und respektiert die Formen und Praktiken des Wissens aller belebten und unbelebten Produzenten der Welt, Menschen inbegriffen."[17] Was immer das heißen mag: Es ist falsch, zumindest was Korbinian Aigner betrifft.

Ungeachtet solcher Entgleisungen ist es sicher nicht abwegig, Aigners Bilder auch unter ästhetischer und kunstgeschichtlicher Perspektive zu deuten. Es sind Obstbilder, aber unverkennbar haben sie, zumal als Gesamtwerk, einen ästhetischen Überschuss, der über die Pomologie hinausreicht. Unter dieser Perspektive wurden die Bilder bei der Documenta gezeigt, aber auch hier wurde ein Deutungsirrweg beschritten, der in die falsche Richtung führt: „Aigner war auch ein Künstler, sein Werk ähnelt dem eines Konzeptkünstlers, der unbeirrbar über Jahrzehnte demselben ästhetischen Konzept folgt."[18]

Aigners Bildersammlung als „Konzeptkunst" zu verbuchen, um ihr damit einen legitimen Platz in der neueren Kunstgeschichte zu verschaffen, ist ein eher abwegiger Gedanke. „Konzeptkunst" sind die Urinale oder die Fahrräder von Marcel Duchamp, mit denen Korbinian Aigners Bilder wirklich wenig gemein haben. Und auch die rein formalistische Definition der Konzeptkunst, dass sie eben eine Kunst sei, in der das „Konzept" des Künstlers eine größere Bedeutung habe als die technische Ausführung, zielt weit am Sachverhalt der Aigner-Bilder vorbei. Er hat einfach Äpfel und Birnen gemalt, um sie für seine pomologischen Zwecke zu verwenden. Dennoch ist es nicht verkehrt, Aigners Bilder in die Geschichte der europäischen Kunsttradition einzuordnen. Die Obstmalerei hat eine lange Tradition, die sich bis zur berühmten Anekdote um den antiken Maler Zeuxis zurückverfolgen lässt. Auch in der christlichen Malerei wird, aufgrund des biblischen Bezugs, speziell das Apfelmotiv gerne aufgegriffen und symbolisch aufgewertet, auch wenn bekanntlich die Identifizierung der verbotenen Paradiesfrucht als „Apfel" erst spät erfolgte. Deshalb sind es keineswegs immer Äpfel, welche von den Künstlern der Frühen Neuzeit Eva in die Hand gedrückt wurden. Auch in Luthers Bibelübersetzung ist noch nicht von einem Apfel die Rede: „Ihr sollt nicht essen von den Früchten der Bäume im Garten."[19]

Jenseits dieser alttestamentlichen Traditionsbezüge etablierte sich eine kohärente kunstgeschichtliche Tradition der Fruchtmalerei erst um 1600 in Spanien und Italien.[20] Und seine Blütezeit erlebte das Fruchtstilleben dann im 17. Jahrhundert in der Malerei des niederländischen Barock.

In der Zeit um 1900 erlebt das Apfelmotiv eine kleine Renaissance in der westeuropäischen Malerei. Berühmt wurden die Darstellungen Cézannes, und man hat nicht versäumt, einen Bezug zu Aigner zu sehen: „Mit Cézanne, dessen Werk er vermutlich gar nicht kannte, verbindet ihn, dass er das einfache bäuerliche Leben schätzte und auch seine Äpfel und Birnen als ein Lob darauf verstanden werden können."[21] Sehr viel näher läge es übrigens, den Cézanne-Vorläufer Edouard Manet zum Vergleich heranzuziehen, obwohl auch ihn Korbinian Aigner sicher nicht gekannt hat.

Journalistischer Phantasie sind keine Grenzen gesetzt, aber nüchterne Quellenkritik und sorgfältige historische Bestandsaufnahme kommen zu anderen Ergebnissen. Ganz gewiss ist die Vorstellung ziemlich abwegig, Aigner habe mit seinen Apfel- und Birnenbildern irgendeinen Bezug herstellen wollen zur europäischen Malereitradition oder er habe die

Im französischen Impressionismus wurde der Apfel, ein altes Motiv der Kunstgeschichte, wieder neu aufgegriffen. Ein Blick auf die Bilder von Edouard Manet (1832-1883) und Paul Cézanne (1839-1906) zeigt allerdings, dass sich ein Bezug zu Korbinian Aigner nicht herstellen lässt. Links „Trois Pommes", entstanden 1880, von Manet und rechts das Bild „Les Pommes" von Cézanne, entstanden 1889/90. Dieses Bild wurde 2013 für gut 40 Mio. Euro versteigert.

einschlägigen Maler und Bilder auch nur gekannt. Wer sich den Sozialisations-, den Bildungshintergrund und die Lebensform eines katholischen Geistlichen aus einem oberbayerisch-bäuerlichen Milieu zu Anfang des 20. Jahrhunderts vor Augen führt, wird leicht einsehen, dass Aigner nicht den geringsten Bezug zur europäischen Kunstgeschichte gehabt hat und schon gar nicht zur zeitgenössischen Kunst der Impressionisten um Paul Cézanne. Korbinian Aigner ist weder „Konzeptkünstler" noch Impressionist, und auch sein Geburtsdatum macht ihn nicht zu einem Künstler der „Moderne", so gerne Kunstjournalistinnen diesen Bezug hergestellt hätten.[22]

Korbinian Aigner selbst gibt einen ganz anderen Hinweis auf die Traditionszusammenhänge, in denen er sich sieht. Seine Obstbilder hat er gelegentlich mit einem schlichten „KA", „K" oder „K. Aigner" signiert. Eines der wenigen überlieferten Bilder, das keine Obstsorten zeigt, nämlich die Darstellung „Der Sonntagsgottesdienst ist zu Ende" aus dem Hohenpoldinger Gründungsprotokoll, signiert er aber kalligrafisch in Anlehnung an ein großes Vorbild: Das „AK" ist gestaltet wie Albrecht Dürers berühmte

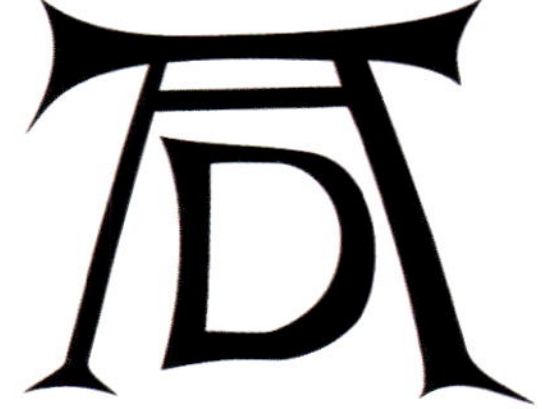

Sein Bild „Der Sonntagsgottesdienst ist zu Ende" von 1911 signierte Korbinian Aigner in Anlehnung an die berühmte Dürer-Signatur.

Signatur, die durch den „Hasen" oder Reproduktionen der „Betenden Hände" auch in den abgelegensten bäuerlichen Regionen Bayerns bekannt gewesen ist. Die „Betenden Hände" waren seit dem Beginn des 20. Jahrhunderts eines der bekanntesten Kunstwerke in Deutschland. Den millionenfach verbreiteten, oft auch plastisch gestalteten Reproduktionen, vor allem in sakralen Kontexten, wurde gerne oben rechts die berühmte „AD"-Signatur hinzugefügt. Diese Popularität verdankt Dürer sicher seinem konsequenten Realismus, der virtuose handwerkliche Meisterschaft erfordert, die dann von späteren Generationen als spießbürgerlich verworfen wurde.[23] Der Erfolg dieser Dürer-Bilder ab 1900 lässt sich als volkstümliche Gegenreaktion auf den Siegeszug der modernen Malerei verstehen, die ganz andere Wege ging als den der handwerklichen Perfektion. Dass sich der Maler Korbinian Aigner leichter in Albrecht Dürer als in Marcel Duchamp oder Cézanne wiedererkennen konnte, darf man vermuten.

Dürers Hase ist eines der bekanntesten Bilder der deutschen Kunstgeschichte.

Die Aigner-Bilder bergen keine Geheimnisse, welche durch Kunstkritiker oder Kunstwissenschaftler erschlossen werden müssten. Man muss nicht bei Adam und Eva anfangen und bis zu Cézanne gehen, um zu erklären, warum Korbinian Aigner Äpfel und Birnen malte. Denn die Tradition, in der Korbinian Aigner stand, ist eine andere. Dürer mag ihm ein Vorbild gewesen sein, dafür gibt es einen Hinweis. Aber der entscheidende Einfluss auf seine Bilder ist doch ganz offensichtlich von der gut etablierten Tradition botanischer und speziell pomologischer Illustrationen ausgegangen. Diese Illustrationen haben ihre eigene Ästhetik hervorgebracht, die keineswegs darauf angewiesen war, Anleihen aus der Kunstgeschichte aufzunehmen. Es war zunächst eine funktionale Ästhetik, die schlicht den pomologischen Erfordernissen genügen und zeigen musste, was zur Sortenbestimmung notwendig war.

In der einschlägigen Buch- und Zeitschriftenliteratur gibt es eine Fülle von Obstillustrationen, die klare Muster und Regeln hervorgebracht hat. Die Zweckbestimmung dieser Illustrationen ist eindeutig. Sie dienen der Unterrichtung, und zwar in der Regel der Unterrichtung von Spezialisten und nicht des breiten Publikums. Diese spezifische botanische Illustrationstradition hat ihre eigenen, durch die materiellen Herstellungs- und Reproduktionstechniken ebenso wie durch die Zielsetzung gesetzten Möglichkeiten und Grenzen. Zunächst geht es darum, die Vorlagen in der Natur so abzubilden, dass sie in ihren typischen Merkmalen erkennbar bleiben. „Naturtreue" ist hier nicht das eigentliche Ziel.[24] Oft kommt es im Gegenteil darauf an, die individuellen und zufälligen Details einer bestimmten Frucht wegzulassen und das Typische, was bei diesem einen, gerade vorliegenden Exemplar vielleicht nicht so ausgeprägt ist, umso deutlicher hervorzuheben, um ein „Idealbild" zu konstruieren.[25] Das bedarf der Kenntnisse des Fachmanns, der weiß, worauf es ankommt.

In der Geschichte der Obst- und überhaupt der botanischen Illustration haben sich verschiedene Techniken herausgebildet. Sehr häufig findet man seit dem 18. Jahrhundert schematische Grundrisse, die auf jede naturalistische Abbildung verzichten und stattdessen eine morphologische Gestalt wiedergeben, die sich ausschließlich auf das Wesentliche beschränkt.

Solche Zeichnungen werden von Fachbotanikern wenig geachtet und allenfalls zu Lehrzwecken geduldet.[26] Für den Buch- und Zeitschriftendruck sind sie jedoch interes-

4 I. Einleitende Bemerkungen

Die stielbauchige Frucht ist die gewöhnlichste Form; sie verjüngt sich nach dem Kelch hin und endigt mit einer kleinen oder einer abgeflachten breitern Kelchfläche; im ersten Fall ist die Frucht eine spitzkegelförmige (Fig. 3), im andern eine stumpfkegelförmige oder abgestutzt kegelförmige.

Größe der Frucht.

Die Größe der einzelnen Apfelsorten ist nach Zollen und Bruchtheilen zu bestimmen und zwar nach den in Gotha gefaßten Beschlüssen nach rheinischem Maaße. Der Maaßstab hier zeigt das um die Hälfte verjüngte Maaß. Derselbe ist auf 5—6" einzurichten und besteht aus einem Maaßstab mit einem rechtwinklig denselben an einem Ende begrenzenden Holz; ein verschiebbares anderes Holz ist winkelrecht auf dem Maaßstab angebracht. Durch Auflegen der Frucht auf den Maaßstab und Anschieben des beweglichen Hölzchens wird die Größe sehr schnell gefunden.

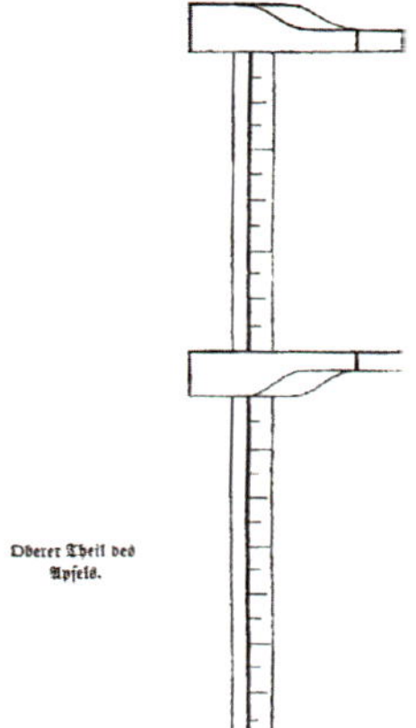

Im Allgemeinen unterscheidet man zwischen kleinen, mittelmäßigen, großen und sehr großen Früchten. Kleine Früchte sind solche, welche weniger als 2" im Längs- und Breitedurchmesser haben, die 2—3" breiten und hohen werden mittelgroß und die über 3" im Durchmesser haltenden groß und sehr groß genannt.

Oberer Theil des Apfels.

Die Achse der Frucht schließt mit dem in einer Vertiefung stehenden Rudiment des Griffels ab, um welche an der Wandung dieser Vertiefung die noch mehr oder minder deutlich wahrnehmbaren Staubfäden sich befinden. Diese Vertiefung heißt Kelchhöhle; die 5 Blättchen, welche auf dem Saum derselben sich befinden, nennt man den Kelch, früher auch die Blume, welcher Ausdruck aber weniger passend ist, da diese 5 Blättchen in der That die Spitzen der Kelchblätter sind.

Die den Kelch umgebende Fläche heißt die Kelchfläche oder

Das „Illustrirte Handbuch der Obstkunde“ von 1875 gibt detaillierte Vorschriften für die pomologische Darstellung von Früchten.

Bereits im 18. Jahrhundert hatte die Darstellung von Früchten in der Buchillustration einen sehr hohen Standard erreicht. Hier eine Illustration aus dem Werk von Johann Hermann Knoop „Pomologia, das ist Beschreibungen und Abbildungen der besten Sorten der Aepfel und Birnen“ von 1760.

sant, weil sie mit einfachen Mitteln reproduziert werden können. Den eigentlichen Kern der botanischen Illustration bildet jedoch das „dokumentarische Pflanzenbild“. Auch hier ist mehr der Botaniker oder Pomologe als der Künstler gefragt. Dennoch bleibt es richtig, dass auch in dieser botanischen Tradition die Bilder einen ästhetischen Überschuss haben. Die pomologische Tradition hat, anders als die spätere Verwissenschaftlichung des Obstbaus, den Blick nicht verloren für die ästhetische Qualität ihres Gegenstandes. Sie formulierte ihre Ergebnisse nicht nur als sachlichen Befund, sondern bemühte sich eben auch, die ‚ästhetische Erfahrung“ anzusprechen.[27] Das war bei Korbinian Aigner nicht anders.

Angesichts dieser Herausforderungen ist in der botanischen Illustration bis heute die von Hand gezeichnete Illustration der Fotografie überlegen. Das gilt erst recht unter dem Gesichtspunkt der Farbigkeit. Sie stellt das Hauptproblem der botanischen Illustrationen dar. Farbige Darstellungen gibt es seit dem 17. Jahrhundert, berühmt wurden die kolorierten Illustrationen von Sybille Merian aus dem frühen 18. Jahrhundert.[28] Solche Illustrationen wurden mit enormem Aufwand erstellt. In der Regel wurden Teilauflagen von illustrierten Werken per Hand nachkoloriert für die Käuferschicht, die es sich leisten konnte. Daneben hat es in der Geschichte des Buchdrucks schon früh Holz- und Kupferstiche gegeben, die Farbwiedergaben ermöglichen. Die hochwertigste Form der Farbwiedergabe im Druck ist jedoch die Chromolithographie, die sich in der zweiten Hälfte des 19. Jahrhunderts durchsetzte. Sie hat eine Farbskala, die jedes fotomechanische Wiedergabeverfahren übertrifft. Auch die Dauerhaftigkeit chromolithographischer Wiedergaben überbietet in der Regel die des Farbdrucks in moderner Zeit.

Erklärungsbedürftig sind nicht die Bilder Korbinian Aigners; sie erklären sich im Blick auf die pomologische Illustrationstradition von selbst. Erklärungsbedürftig ist aber die große öffentliche Aufmerksamkeit, welche die Bilder seit der dOCUMENTA (13), aber auch schon bei den früheren Ausstellungen in München und Freising, weit über pomologische Kreise hinaus erfahren haben. Dass das Thema „Apfel" einen archaischen, in mythologische Tiefen zurückreichenden Reiz ausübt, spielt wohl eine Rolle. Wie sehr der Apfel verwurzelt ist in Volksbräuchen, Märchen, Sagen, literarischer Überlieferung, künstlerischer Gestaltung und sprachlichen Wendungen, ist oft gezeigt worden.[29] Das kann man in einem Satz zusammenfassen: „Der Apfel

Die Abbildungen aus der „Zeitschrift des Deutschen Pomologenvereins" von 1905 (links) und aus der „Deutschen Obstbauzeitung" von 1908 (rechts) zeigen den Stand der pomologischen Illustration in der Zeit, in der Korbinian Aigner selbst zu malen begann.

ist seit der Steinzeit fester Bestandteil der menschlichen Kultur."[30] Und auch am Anfang eines jeden deutschen Volkschülers um 1900 stand der Apfel: „Zuerst eine Tabelle mit den Buchstaben; dann kamen Syllabiertabellen, a – b; b – a; ba usw.; endlich Tabellen mit Wörtern: a – p: ap, f – e –l : fel, Apfel."[31] Nicht viel anders wird es bei Korbinian Aigner Anfang der 1890er Jahre in seiner Hohenpoldinger Volksschule auch gewesen sein.

Aber die Wirkungsgeschichte der Aigner-Bilder seit den 1990er Jahren hat ihre eigenen sozialen Voraussetzungen, die weniger in archaischen Tiefen als in aktuellen sozialen Bewegungen zu suchen sind. Seit den 1970er Jahren hat sich eine immer stärkere Gegenbewegung gegen die industrialisierte Obstbauökonomie der EWG und der EU etabliert, die längst starken politischen Einfluss gewonnen hat. Ihr folgte eine Gegenökonomie, die zahlungskräftigen Käuferschichten nicht-industrielle Landwirtschafts- und Gartenprodukte aus ökologischem Anbau und mit regionaler Herkunft anbietet. Regionale Lebensmittel, in traditionsbewusster Vielfalt angeboten, sind in erster Linie ein Geschäft, das inzwischen mehr als nur eine Nische füllt.

Salemer Klosterapfel

Salemer Klosterapfel

Die Sorte ist in Baden entstanden.

Sehr guter Tafel- und Wirtschaftsapfel. Baumreife ab Oktober. Genußreife ab Dezember. Haltbarkeit bis Mai. Frucht mittelgroß bis groß. Baum zuerst sehr stark, später weniger stark wachsend. Krone breit, sehr groß werdend. Gelegentliche Kronenauslichtung notwendig. Der Ertrag setzt spät ein, ist dann sehr gut und regelmäßig.

Willi Votteler hat in seinem Buch von 1986 die Bilder Korbinian Aigners erstmals gedruckt und mit pomologischen Erläuterungen ergänzt.

Sie sind aber auch ein Versprechen, das weit über das „Produkt“ – das Lebensmittel ja eigentlich nicht sind – hinausreicht: „Der wahre Grund für die Attraktivität regionaler Produkte liegt in der Sicherheit, die sie ausstrahlen.“ Sie vermitteln das „sichere Gefühl einer lebenswerten und lebensfähigen Gesellschaft in einem gewissen Zirkelschlag um uns herum, und zwar in einem überschaubaren Maßstab.“[32]

Sicher haben die ökologischen Bewegungen der letzten Jahrzehnte mit ihren nostalgischen Wunschvorstellungen von unberührter Natur und Sortenvielfalt ihren Teil dazu beigetragen, dass die Bilder eine so große Resonanz gefunden haben. Wer aber den Reiz der Bilder Korbinian Aigners für den Menschen der modernen Gesellschaft begreifen will, muss wahrscheinlich noch eine Schicht tiefer graben. Der Philosoph Joachim Ritter und seine Schüler haben in den ersten Jahrzehnten der Bundesrepublik Deutschland beschrieben, wie der immerwährende zivilisatorische Fortschritt auch seine kompensatorischen Gegenbewegungen hervorgerufen hat.[33] Die Sehnsucht nach der Natur wird zum Gegenpol der Modernisierungskräfte, ein Gegenpol aber, der nicht in der Wirklichkeit greifbar, sondern nur ästhetisch zu fassen ist. Die zivilisatorische Gesellschaft, so formuliert es Joachim Ritter, bringt selbst wieder die Organe hervor, „die den Reichtum des Menschseins lebendig gegenwärtig halten, dem die Gesellschaft ohne sie weder Wirklichkeit noch Ausdruck zu geben vermag.“[34]

Der Maler Korbinian Aigner

1788 hat Goethe in einem kleinen Aufsatz die Art der „einfachen Nachahmung der Natur“ gewürdigt, mit der sich der Künstler an „die Gegenstände der Natur wendete, mit Treue und Fleiß ihre Gestalten, ihre Farben, auf das genaueste nachahmte“, und das Charakterbild, das Goethe hier zeichnete, trifft sicher auch auf Korbinian Aigner zu: Diese Art des Malens, so schreibt Goethe, wird „von ruhigen, treuen, eingeschränkten Menschen in Ausübung gebracht werden. Sie schließt ihrer Natur nach eine hohe Vollkommenheit nicht aus.“[35] Diese Würdigung der einfachen Naturnachahmung, fast hundert Jahre vor der Geburt Korbinian Aigners geschrieben, trifft den Charakter seines Werks und seiner Person wohl am genauesten.

1 [Votteler] Apfelsorten als Kulturerbe, S. 15.
2 Votteler, Die Sortendarstellungen, S. 8.
3 H. H. Pfarrer Korbinian Aigner †, S. 255.
4 Bauer, Der Apfelpfarrer.
5 Rolff, Sortennamen und Synonyme.
6 Schwab, Der Apfelmaler, S. 56.
7 Diese Darstellung folgt zusammenfassend [Votteler] Apfelsorten als Kulturerbe, S. 16.
8 [Votteler] Apfelsorten als Kulturerbe, S. 16.
9 Aigner, Birnensorten, S. 1.
10 Trenkle, Bayerische Obstsortenliste.
11 Votteler, Verzeichnis der Apfel- und Birnensorten, S. 8.
12 [Votteler] Apfelsorten als Kulturerbe, S. 15.
13 Forstner, Priester in Zeiten des Umbruchs, S. 361.
14 Schwab, Der Apfelmaler, S. 56.
15 dOCUMENTA (13). Das Begleitbuch/The Guidebook, S. 34.
16 Winkler, Früchte des Muts, S. V2/6.
17 dOCUMENTA (13). Das Begleitbuch/The Guidebook, S. 2.
18 Ebd., S. 34.
19 I. Buch Mose, Kap. 3; vgl. Klot, Die Frucht in Malerei und Graphik, S. 14-16.
20 Klot, Die Frucht in Malerei und Graphik, S. 21-26.
21 Voss, Vorwort, S. 9.
22 Ebd.
23 Anzelewsky, Dürer, S. 110.
24 Nissen, Die botanische Buchillustration, S. 3.
25 Ebd.
26 Ebd., S. 12f.
27 Lechtreck, Die Äpfel der Hesperiden werden Wirtschaftsgut, S. 240.
28 Klot, Die Frucht in Malerei und Graphik, S. 20
29 Einen sehr gründlichen und beachtenswerten Überblick gibt das Buch von Bänninger/Füllemann, Faites vos pommes!
30 Eine schöne Zusammenfassung findet sich bei Zirfas, Vorwort, S. 9.
31 Paulsen, Aus meinem Leben, S. 83.
32 Burchardt, Ausgegeizt, S. 191f.
33 Hacke, Philosophie der Bürgerlichkeit, S. 70-79.
34 Ritter, Landschaft, S. 163.
35 Goethe, Einfache Nachahmung der Natur, Manier, Stil, S. 77.

Äpfel

AII.
1

10.

SI.
12.

13.

23.

0.II.
63

O III
70.

NI.
73

N. 75.

N. 96

NI.
115.
KA

145

N.
160.

181.

188.

N.
219.

232.

241.

259

264.

274.

355.

388.

400

430.

478.

520

531.

550.

569.

600

608

633

Birnen

3.

SI.
8.

19.

35.

65.

O III.
111.

185.

190.

201

203

208

218.

222

230

252

269.

275/2

Erinnerungen an Pfarrer Korbinian Aigner

von Anton Kränzle

Gerne komme ich der Bitte nach, meine Erinnerungen aufzuschreiben.

Am 24.01.1931 in Augsburg geboren, kam bei mir schon früh der Wunsch auf, einen naturverbundenen Beruf zu ergreifen. Mein Vater, Berufsschullehrer für Elektrotechnik, der erste überhaupt in Augsburg, war davon als überzeugter Techniker wenig begeistert. Aber der Einfluss meines Großvaters Josef Fischer, der in Dinkelscherben bei Augsburg einen größeren Obstgarten besaß, war doch sehr stark. Mit Hilfe unseres Nachbarn in Augsburg, Herrn Palm, Regierungsfachberater für Gartenbau bei der Regierung von Schwaben, trat ich im Herbst 1948 eine Gärtnerlehre an und bestand 1950 die Gehilfenprüfung mit Auszeichnung.

Es folgten Praxisjahre in Baumschule und Gartengestaltung und im bäuerlichen Obstbau am Bodensee. Durch die dort sehr beliebten „Belgischen Hecken" für Birnen war man dem neu propagierten Niederstammobstbau gegenüber sehr aufgeschlossen. In meinem Praxisbetrieb Anton Hotz in Selmnau bei Wasserburg wurde neben den üblichen Hochstammanlagen die erste Niederstammanlage gepflanzt und auch von mir betreut.

Im Frühjahr 1952 erhielt ich einen Studienplatz an der damaligen Höheren Lehr- und Forschungsanstalt für Gartenbau in Weihenstephan, der heutigen Hochschule Weihenstephan-Triesdorf, wo ich die Fachrichtung Obst- und Gemüsebau belegte. Bei meinem Abschlussexamen im Fachgebiet Obstbau (Dozent Studienprof. Wilhelm Heese) war

auch der Vorsitzende des Landesverbandes für Obst- und Gartenbau, Herr Dr. h.c. Rudolf Trenkle, als Beisitzer anwesend. Während des Studiums hatte mich Herr Heese zusammen mit dem Kollegen Paul Scotti, später Obstbauberater in Bonn, mit der Vorbereitung der Obstbau-Seminare beauftragt. Die damaligen Obstanlagen auf der Langen Point und am Weihenstephaner Berg wiesen ein großes Obstsortiment auf, wodurch die Studierenden ihre Sortenkenntnis verbessern sollten, was damals für die Beratung noch von großer Bedeutung war. Bei der Prüfung lagen ca. 30-40 Apfelsorten auf dem Tisch, die bestimmt werden sollten. Aufgrund meiner Erfahrung kannte ich fast alle.

Dr. Trenkle war davon wohl so beeindruckt, dass er mir nach der Prüfung eine Referentenstelle beim Landesverband in München anbot. Hier lernte ich dann auch den Ehrenvorsitzenden des Verbandes, Herrn Pfarrer Korbinian Aigner, kennen, der im Verband sehr geachtet wurde. Erst im Laufe der Zeit erfuhr ich die Hintergründe für diese Hochachtung, vor allem wegen der Wiederbegründung des Verbandes nach dem Krieg.

Da weder der Vorsitzende noch Pfarrer Aigner einen Führerschein und ein Auto besaßen, hatte ich den Auftrag, die Herren mit dem Dienstwagen, einem einfachen VW-Standard, zu den verschiedenen Verbandsveranstaltungen zu fahren. Dadurch hatte auch ich die Möglichkeit, daran teilzunehmen. Die fachlichen Gespräche bei diesen Fahrten erbrachten für mich viel Detailwissen über geschichtliche und gegenwärtige Entwicklungen und Zusammenhänge im bayerischen und deutschen Obstbau. Herrn Pfarrer Aigner habe ich einige Male in Hohenbercha abgeholt und wieder nach Hause gebracht. Er hat nie etwas über die KZ-Zeit erzählt und ich habe es auch nicht gewagt, danach zu fragen. Nur einmal hat er davon berichtet, dass ihm einige Leute aus seinem Heimatdorf immer wieder Äpfel ins KZ gebracht haben. Die SS-Wachen wollten das nicht zulassen, aber das Drängen der Leute, dass die Bestimmung der Sorten für die Ernährungssituation sehr wichtig sei, wurde letztlich akzeptiert. So gelangten die Äpfel zu den Inhaftierten, vor allem mit dem Hintergedanken, dass der Pfarrer Aigner unbedingt Äpfel essen muss, um bei der bekannt schlechten Verpflegung einigermaßen gesund zu bleiben. Diese gut gemeinten Überlegungen hatten erfreulicherweise auch die erwünschte Wirkung. Denn zur Sortenbestimmung musste auch der Geschmack mit Zucker und Säure getestet werden, sodass Pfarrer Aigner am Essen der Äpfel nicht gehindert wurde. Was für ein Glück!

Typisch für ihn war jedoch, dass er die Kerne nicht wegwarf, sondern hinter der Baracke aussäte. Wenn bei Votteler u.a. Autoren von Sortenzüchtung die Rede ist, so weiß jeder Fachmann, dass bei Apfelkern-Aussaaten der Gewinn einer neuen Sorte einem Gewinn im Lotto gleichkommt. Das wusste sicher auch Pfarrer Aigner. So bleibt die Vermutung, dass er diese Aussaaten machte, um ein kleines gärtnerisches Erlebnis in dieser schlimmen Lage zu haben, das mit etwas Hoffnung bei der Keimung verbunden war. Dass ihm die Sämlinge dann sehr ans Herz gewachsen waren, auch als Erinnerung an die Hilfe in dieser schweren Zeit, ist verständlich. Dass aber daraus tatsächlich ein „Korbiniansapfel“ wurde, darf wohl als ein kleines Wunder angesehen werden.

In dieser Zeit erhielt der Verband täglich mehrere Zusendungen von Apfelproben mit der Bitte um Sortenbestimmung. Damit wurde ich beauftragt. Dr. Trenkle war fast jeden Tag in der Geschäftsstelle, sodass ich mit ihm manche Zweifel ausräumen konnte. Auch Herr Pfarrer Aigner war öfter mal da, interessierte sich sehr dafür und gab mir gute Tipps für meine Arbeit. Er fand immer eine Lösung. Damit hatte sich der Verband damals ein hervorragendes fachliches Ansehen erarbeitet.

Im Juli 1954 erhielt ich als einer der ersten deutschen Gartenbaustudenten ein Fulbright-Stipendium zur Fortsetzung des Studiums für ein Jahr in den USA.

Zunächst war ich im St. Martins-College in Olympia/Washington. Ein deutschstämmiger Professor (Dr. Matthew Kast) vermittelte mich dann für das 2. Semester an die Tree-

Fruit-Experimentstation der State University of Washington in Wenatchee im Columbia-Valley, „The Apple-Capital of the World“. Dort konnte ich hervorragende Kenntnisse über den modernen Obstbau erwerben, die mir nach meiner Rückkehr einen starken fachlichen Rückhalt gaben. Im August 1955 kehrte ich zum Landesverband in München zurück und wurde sehr bald auf die vom Landwirtschaftsministerium neu geschaffene Position eines Landesobstbau-Beraters berufen. Die Kernaufgabe war, die bäuerlichen Obstbaubetriebe in ihrer Entscheidung zu beraten, sich vom üblichen Nebenerwerbsanbau zum modernen Vollerwerbsanbau zu entwickeln oder sich auf die reine Selbstversorgung zu beschränken. Sporadische Angebote hatten auf dem wachsenden Markt keine Chance mehr; Angebote aus Südtirol und Ferrara bestimmten die Entwicklung.

Folgerichtig wurde dann auch ein Bayer. Erwerbsobstbauverband gegründet und mir die Geschäftsführung übertragen. Erster Vorsitzender wurde Graf von und zu Egloffstein aus Kunreuth, mit dem mich dann eine hervorragende Zusammenarbeit verband. In dieser Zeit fertigte ich auch meine „Inspektorenarbeit“, später Ingenieurarbeit, und absolvierte die 2. staatliche Prüfung mit Auszeichnung. Der Titel der Arbeit lautete: „Die Auswirkungen des Polarwinters 1955/56 auf den bayer. Erwerbsobstbau und die Konsequenzen daraus“. Diese Ergebnisse führten zu einer Nachfrage in ganz Deutschland.

Beruflich absolvierte ich tausende Kilometer, viele hundert Termine und Vorträge, vor allem auch über meine Eindrücke in den USA.

Zur gleichen Zeit finanzierte die damalige EWG eine europaweite Rodungsaktion im Obstbau, mit dem Ziel, den Markt von qualitativ abfallenden Angeboten zu entlasten. Mir wurde die Durchführung in Bayern übertragen. Die Rodung von tausenden Obstbäumen wurde später aus Gründen des Natur- und Landschaftsschutzes stark angegriffen. Als Gegenmaßnahme entstand dann die Förderung sog. „Streuobstwiesen“, aus obstbaulicher Sicht ein Paradoxon. Durch diese Tätigkeit war ich in ganz Bayern bekannt geworden und sollte dies auch geschäftlich nutzen und die OBGA-Nürnberg, eine Warengenossenschaft des Landesverbandes, wiederbeleben, was leider nicht gelungen ist. Die OBGA musste liquidiert werden. Dies war auch deshalb schmerzlich, da sie Hauptlieferant der vielen Vereinskeltereien war.

Einige Jahre zuvor hatten wir auch den Arbeitskreis der Keltereibetriebe gegründet, der zusammen mit dem Institut in Weihenstephan viel Erfolg hatte.

Mein fachlicher Ruf war bis nach Bonn gedrungen. So macht mir der damalige Vorsitzende der Bundesfachgruppe Obstbau, Karl Ley aus Meckenheim, das Angebot, die Geschäftsführung des Provinzialverbandes Rheinischer Obst- und Gemüsebauer zu übernehmen. Nach zehn Jahren erfolgreicher Tätigkeit übernahm ich dann auf Vorschlag des damaligen Ministers Dr. Dieter Deneke das Referat Gartenbauwirtschaft und Gartenkultur im Ministerium für Ernährung, Landwirtschaft und Forsten des Landes NRW in Düsseldorf, das ich fast 26 Jahre leitete. Als Mitglied des Präsidiums der Deutschen Gartenbau-Gesellschaft, als langjähriger Vorsitzender des Bundes der Ingenieure für Gartenbau und Landespflege und als Delegierter und Vorsitzender des Internationalen Städte- und Dorf-Wettbewerbes Entente Florale war ich noch lange über die Pensionierung hinaus ehrenamtlich im Berufsfeld tätig.

Zufällig wurde ich auf die Ausstellung „Zum Reinbeißen – Äpfel und Birnen von Korbinian Aigner“ im Museum Zons des Rheinkreises Neuss im Sommer 2015 aufmerksam und lernte bei einem Besuch die Museumsdirektorin, Frau Angelika Riemann, kennen. Die Ausstellung in Zons 2015 hat mich mit einer Reihe pomologischer Persönlichkeiten im Rhein-Kreis-Neuss in Verbindung gebracht, wofür ich dankbar bin, ein spätes Geschenk von Pfarrer Korbinian Aigner.

Beeindruckt von den ausgestellten Sortenbildern, erzählte ich ihr von meinen Erinnerungen an Pfarrer Aigner, den ich bei meiner Tätigkeit beim Bayer. Landesverband für Obst- und Gartenbau im Frühjahr 1954 in München kennenlernen durfte. Frau Riemann war davon sehr angetan und stellte den Kontakt zum TUM.Archiv der TU München her.

Nachbemerkung

Wer den Spuren Korbinian Aigners in Oberbayern folgt, wird schnell merken, wie sehr die Erinnerung an ihn noch lebendig ist, und er wird auch merken, wie fest er in seiner Heimatregion verwurzelt ist. Man kann sich nicht vorstellen, dass es ihn wirklich erfreut hätte, dass seine Bilder inzwischen in der ganzen Welt bekannt sind. Dieser weltweite Ruhm verstellt auch den Blick auf seine Persönlichkeit, die sich weder aus seinen Bildern noch aus seiner KZ-Haft erschließt. Das aber sind die Ansatzpunkte der öffentlichen Aufmerksamkeit, die Korbinian Aigner seit der dOCUMENTA(13) im Jahre 2012 zuteil wird. Aber die Obstbilder waren in Korbinian Aigners Lebensentwurf nur ein Steckenpferd, und die KZ-Haft hat er sich nicht ausgesucht.

Ausgesucht aber hat er sich seinen geistlichen Beruf, und er hat seine Bestimmung sicherlich darin gesehen, Geistlicher und Seelsorger und nicht etwa „Apfelpfarrer" zu sein. Seine Leidenschaft für den Obstbau hat er sicher, wie es sein KZ-Mithäftling, der Weihbischof Johannes Neuhäusler, an seinem Grab formulierte, „als Dienst an der Schöpfung" verstanden. Von dieser Mitte aus erst erschließt sich die Persönlichkeit Korbinian Aigners, und die lokalhistorische, zum guten Teil mündliche Überlieferung kommt dieser Persönlichkeit sicher näher als die Katalogtexte internationaler Ausstellungskuratorinnen.

Aber auch die lokale Überlieferung neigt dazu, das Bild des Pfarrers Aigner zu verengen. Korbinian Aigners trockener Wortwitz verführt dazu, sein Leben auf pointierte Anekdoten zu reduzieren, die vom lokalen Journalismus gerne aufgegriffen und weitergetragen werden. Das gehört zu seinem Charakterbild, aber auch das ist zu wenig. Die journalistischen Publikationen in der lokalen, regionalen und auch überregionalen Presse und in Rundfunk-Medien sind unüberschaubar und in ihrer Breite nur aufgrund zufälliger privater Sammlungen, die bibliographisch ungenügend dokumentiert sind, erahnbar. Gute Quellen für das Verständnis Korbinian Aigners sind sie nicht. Immer und immer wieder wird das gleiche anekdotenreiche Bild des apfelmalenden Widerstandskämpfers gezeichnet, und immer wieder werden die gleichen Halbsätze und Episoden erzählt, die seit der Artikelserie von Falk Ohorn von 1992/93 zur Mythologie der Aigner-Biographik gehören. Das ist sicherlich nicht ganz falsch und es ist fast immer gut gemeint, aber es ist zu wenig.

Korbinian Aigner war eine einzigartige Persönlichkeit, aber er war auch ein Kind seiner Zeit. Sein Leben und sein Charakter erschließen sich nur, wenn man ihn aus dieser Zeit heraus zu verstehen sucht. Dann zeigt sich, dass er einerseits einzigartig, in vielem aber eben auch typisch war: Seine etwas holprig verlaufende Priesterlaufbahn hat Parallelbeispiele in seiner Generation, die Leidenschaft für die Natur teilt er mit vielen geistlichen Kollegen, sie gehörte zum priesterlichen Professionsverständnis dieser Zeit um 1900; die Verfolgung durch den Nationalsozialismus haben aus ähnlichen Gründen, allerdings nicht immer mit der gleichen Folge der KZ-Haft, zahlreiche andere Priester des Bistums München und Freising erlitten. Die Unerschrockenheit, mit der er dem nationalsozialistischen Regime entgegentrat, um die Belange seiner Kirche zu verteidigen, und die Beharrlichkeit, mit der er diesen Weg bis zum konsequenten Ende beschritt, sind allerdings selten.

Aber alles in allem sind es zeittypische Entwicklungen und Schicksale, die sich bei anderen in ähnlicher Weise finden. Erst in ihrer individuellen Ausprägung ergeben sie ein Bild der einzigartigen Persönlichkeit, die Korbinian Aigner am Ende dann eben doch war.

Die archivarische Aktenüberlieferung ist die Grundlage einer jeden biographischen Darstellung. Die Aktenlage zu Korbinian Aigner ist heterogen. Die Personalakte des Diözesanarchivs des Erzbistums München und Freising gibt Auskunft über den formalen Bildungsgang und den äußeren Rahmen der priesterlichen Laufbahn. Dokumente aus der Zeit der KZ-Haft, also von 1940-1945, sind hier nicht enthalten. Die verbliebenen Akten wurden schon in den frühen 90er Jahren von journalistischer Seite eingesehen, und einzelne ihrer Einträge werden seitdem bis zum Überdruss immer wieder zitiert, wobei in der Regel ehervoyeuristische als zeitgeschichtliche Bedürfnisse befriedigt werden. Auch die Akten der Staatsanwaltschaft, die im Staatsarchiv München liegen, wurden schon früh ausgewertet; sie geben einen detaillierten Einblick in die bürokratische Verfolgungsmaschinerie, die durch individuelle Denunziationen in Gang gesetzt wurde. Insoweit sind sie weit über den Einzelfall Korbinian Aigners hinaus von Interesse. Offensichtlich noch nicht ausgewertet, jedenfalls noch nicht in die öffentliche Diskussion eingespeist, wurden die Akten des Landesentschädigungsamtes im Bayerischen Hauptstaatsarchiv in München. Als Dokumente einer bürokratischen „Aufarbeitung der Vergangenheit“ sind sie ebenfalls von einem weit über den Einzelfall hinausgehenden zeitgeschichtlichen Interesse. In ihnen wird auf Mark und Pfennig ausgerechnet, wie viel Entschädigung einem Häftling zustand, der widerrechtlich 5 Jahre, 6 Monate und 23 Tage in Gefängnis und KZ inhaftiert war. Sie zeigen auch, welchen Aufwand ein „Geschädigter“ – Korbinian Aigner wurde nach einem langwierigen „Wiedergutmachungsverfahren“ ein „Schaden an Freiheit“ bescheinigt – betreiben musste, um diesen Betrag dann am Ende, nach neun Jahren, ausgezahlt zu bekommen.

Das Bild wird vervollständigt durch die Berichte der Zeitzeugen, die Korbinian Aigner noch persönlich gekannt haben. Die Auswertung der „Oral History“ unterliegt besonderen Gesetzen; wie alles andere müssen diese Überlieferungen einer quellenkritischen Würdigung unterzogen werden. Aber auch diese Erinnerungen fügen sich am Ende mit den anderen Überlieferungen zu einem schlüssigen Gesamtbild vom Leben und der Persönlichkeit Korbinian Aigners zusammen.

Eine besondere Rolle spielen die Bilddokumente. In einer Zeit, in der noch nicht jeder Atemzug eines Menschen vielfach photographisch dokumentiert und weltweit verbreitet wird, waren photographische Abbildungen von Personen eine Rarität. Das Leben Korbinian Aigners von der Kindheit bis in die 1960er Jahre ist jedoch für einen Mann seiner Generation überdurchschnittlich gut dokumentiert. Vieles hat sich in privaten Sammlungen der Familie und an seinen verschiedenen Wirkungsstätten erhalten und ist aufbewahrt worden – auch das ist ein kleiner Beleg für den Eindruck, den die Persönlichkeit Korbinian Aigners hinterlassen hat.

Ein anderes sind die Bilder, welche die Kulturgeschichte sichtbar machen. Hier gilt tatsächlich, was oft leichtfertig dahergesagt wird: Ein Bild sagt mehr als tausend Worte. Mehr als Worte und Aktendokumente aus den Archiven können die Bilder einen sinnlichen Eindruck vermitteln von der Lebenswelt, aus der Korbinian Aigner hervorgegangen ist und die er wiederum mitgeprägt hat. Ein Großteil der Bilder ist zufällig überliefert in privaten Sammlungen oder abgelegenen Publikationsorten, aufbewahrt meist unter Umständen, die weit entfernt sind von archivarischen Minimalstandards. Ihre Reproduktion in diesem Buch entspricht deshalb meist nicht den Maßstäben jener Hochglanztechnik, an die sich das moderne Auge gewöhnt hat. Das wurde so belassen, auf Retuschen wurde verzichtet, denn auch der Zustand der Bilder verweist darauf, dass sie Erinnerungen an eine vergangene Zeit sind.

Korbinian Aigner war eine einzigartige Persönlichkeit, die aber geprägt war von den Kräften, welche die geschichtliche Entwicklung Deutschlands in der ersten Hälfte des 20. Jahrhunderts bestimmten. Das soll in dieser ersten zusammenfassenden Würdigung von Leben, Werk und Wirkungsgeschichte Korbinian Aigners deutlich werden.

***

Die erste Auflage dieses Buches ist im Herbst 2016 erschienen. Dass schon wenige Monate später eine zweite Auflage erscheinen kann, zeigt, wie lebendig das Andenken an Korbinian Aigner auch heute noch ist. Publikum und Medien haben das Buch freundlich aufgenommen. Der Text wurde noch einmal durchgesehen, kleinere Ungenauigkeiten korrigiert, Hinweise aufmerksamer Leser, denen dafür herzlich gedankt sei, wurden eingearbeitet. Zusätzlich eingefügt wurde auf Seite 94 eine kleine Dokumentation der Ausstellung in Weihenstephan, mit der die Technische Universität München des 50. Todestages von Korbinian Aigner gedachte.

München, im Februar 2017
Peter J. Brenner, Direktor des TUM.Archivs der Technischen Universität München

Dank

Der „Bund der Freunde der Technischen Universität München“ wurde am 7. Dezember 1922 gegründet. Seitdem unterstützt er viele Projekte, die auf andere Weise nicht zu realisieren gewesen wären. Auch dieses Buch über Korbinian Aigner wurde durch einen Druckkostenzuschuss seitens des Bundes der Freunde ermöglicht. Von Anfang an unterstützt wurde das Projekt vom Präsidenten der Technischen Universität München, Prof. Dr. Dr. h.c. Wolfgang A. Herrmann, der den Band mit einem Vorwort einleitet.

Frau Eva Maria Hölzl, M.A., profunde Kennerin des Aigner-Bestandes, hat durch ihre unermüdliche Arbeit, durch Begleitung bei den Zeitzeugen-Gesprächen und viele Diskussionen über Korbinian Aigner maßgeblich zum Entstehen des Buches beigetragen.

Die langjährige Leiterin des Historischen Archivs der TU München – des heutigen TUM. Archivs –, Frau Dr. Margot Fuchs, hat mit einer ersten Materialsammlung zu Biographie und Wirkungsgeschichte Korbinian Aigners und mit der archivarischen Pflege seiner Obstbildersammlung eine wichtige Grundlage geschaffen, die auch für dieses Buch dankbar genutzt wurde.

Herzlicher Dank gebührt den Zeitzeugen, die ihre Erinnerungen und Materialien zur Verfügung gestellt haben: Frau Elisabeth Hörl und Herrn Dr. Helmut Hörger, beide gebürtig aus Hohenbercha, Herrn Ministerialrat a.D. Anton J. Kränzle aus Kaarst bei Düsseldorf, Herrn Elmar Christ und Herrn Anton Bauer jr.. Besonderer Dank gilt auch der Großnichte Korbinian Aigners, Irmgard Kirmair aus Erding, die mit wichtigen Aigner-Materialien und Informationen weiter geholfen haben.

Sehr hilfreich bei der Beschaffung von Informationen waren weiterhin Herr Kreisheimatpfleger Rudolf Goerge in Freising, Herr Alfons Berger, der Verfasser der „Chronik Hohenbercha“, in Kranzberg, Herr Wolfgang Lanzinger vom Historischen Kreis Dorfen, Herr Walter Eichhorn aus Hohenpolding und Herr Dr. Hans Bauer, Verlagsleiter des Obst und Gartenbauverlags in München.

Herr Bürgermeister Heribert Niedermaier aus Hohenpolding hat umfangreiche Aigner-Materialien aus dem Gemeindearchiv zur Verfügung gestellt und damit die Entstehung des Buches maßgeblich unterstützt. Herr Oberstudiendirektor Hermann Bendl, ehemaliger Direktor des Korbinian-Aigner-Gymnasiums in Erding, hat das Projekt mit wichtigen Informationen gefördert.

Besonders gedankt sei Herrn Archivrat Michael Volpert vom Diözesanmuseum des Erzbistums München und Freising, der seine profunde Fachkenntnis in die Erstellung der Bistumskarte mit den Wirkungsstätten Korbinian Aigners eingebracht und sie für diesen Band zur Verfügung gestellt hat. Gedankt sei schließlich den meist privaten Rechteinhabern, die Bildmaterial und Veröffentlichungsrechte überwiegend kostenlos zur Verfügung gestellt haben. Nicht vergessen sei schließlich der Bauer-Verlag in Thalhofen, der die Entstehung des Buches intensiv, auch an Wochenenden, begleitet und mitgestaltet hat.

Bildnachweis

Den Inhabern der Bildrechte und den Besitzern der Bilder sei herzlich gedankt für die freundliche Überlassung des Veröffentlichungsrechts für dieses Buch.

Trotz intensiver Bemühungen ist es nicht in jedem Fall gelungen, die Inhaber der Bildrechte zu ermitteln; in vielen Fällen verlieren sich die Urheberrechte auch im Dunkel der Überlieferungsgeschichte. Rechteinhaber werden gebeten, sich mit dem Autor in Verbindung zu setzen und etwaige Ansprüche geltend zu machen.

Aigner, Korbinian: Birnensorten. Esslingen/München: Graser [ca. 1952]: S. 115
Aigner, Korbinian: Jugend und Obstbau. In: Der Wegweiser im Obst- und Gartenbau 1925: S. 104 u.
Erben Aigner: S. 26, S. 30, S. 32 o., S. 111, S. 121 u. r.
Archiv der Armen Schulschwestern von Unserer Lieben Frau München: S. 77.
Bauer-Verlag, Thalhofen: S. 19 l., S. 21.
Bayerische Staatsbibliothek, München/Bildarchiv: S. 53, S. 57.
Bayerischer Landesverband für Gartenbau und Landespflege e.V.: S. 97.
Bayerisches Hauptstaatsarchiv: S. 82, S. 84, S. 85.
Peter J. Brenner: S. 10 o., S. 11 r., S. 29 u., S. 32 u. r., S. 43, S. 45 o., S. 45 u., S. 47, S. 50, S. 55, S. 80, S. 91 u., S. 92 u. r., S. 101 r., S. 108, S. 116 u.
Kulturhistorische Sammlung Brenner, Mering: S. 12 o., S. 19 r, S. 98 o.
Bundesarchiv Bild 183-E12329: S. 62 l.
Bundesministerium für Umwelt, Naturschutz und Reaktorsicherheit: Biologische Vielfalt. Berlin 2013: S. 102.
KZ-Gedenkstätte Dachau: S. 68, S. 69 u., S. 70, S. 71, S. 72.
- Nachlass Karel Kasak: S. 69 u., S. 74 l.
Zeitschrift des Deutschen Pomologenvereins von 1905: S. 124 l.
Deutsche Obstbauzeitung von 1908: S. 124 r.
dOCUMENTA (13)/Roman März: 119 l.
dOCUMENTA (13) Guidebook: S. 119 r.
Historischer Kreis Dorfen e.V. /Wolfgang Lanzinger; S. 49, S. 91 o.
Egenolf, Joseph: Das K. Luitpold-Gymnasium 1887-1912. Nebst einer Geschichte des Anstaltsgebäudes: München: Lindl 1912: S. 15.
Archiv der Erzdiözese München und Freising (AEM): S. 17, S. 44 (Michael Volpert): S. 46, S. 51. - AEM Dokumentation Topographie, Freising: S. 20.
Erzbischöfliches Archiv München (EAM) NL Faulhaber 4301: S. 67.
Fingerlos, Matthäus: Wozu sind Geistliche da? Zweytes Bändchen. Salzburg: Mayr 1800: S. 34.
Stadtarchiv Freising, Fotosammlung, Nr. 347: S. 63.

Haus-Ordnung für die studierende Jugend des Erzbischöfl. Knabenseminars Freising. Freising 1930: S. 12 u., S. 13.
Elisabeth Hörl, Hohenbercha: S. 92 o., S. 92 u. l.
Chronik Hohenbercha/Alfons Berger: S. 81, S. 83, S. 88, S. 89 l., S. 90 l.
Gemeinde Hohenpolding/Aigner-Sammlung: S. 10 u., S. 14, S. 16, S. 58, S. 69 o., S. 90 r., S. 117 r.
Illustriertes Handbuch der Obstkunde. Bd. 1: Äpfel. Stuttgart: Ebner & Seubert 1859: S. 36, S. 123 l.
Das große Kneippbuch. Ein Volksbuch für Gesunde und Kranke. Kempten: Kösel 1903: S. 33 o., u.
Knoop, Johann: Pomologia. Nürnberg: Seligmann 1760: S. 35, S. 123 r.
Internationaler Karl-Leisner-Kreis: S. 74 r, S. 76, S. 126.
Liebster, Günther: Warenkunde Obst und Gemüse. Bd. 1: Obst. Düsseldorf: Morion 1988: S. 100 u., S. 106 r.
Arme Schulschwestern von Unserer Lieben Frau / Mack, Josefa Maria Imma: Warum ich Azaleen liebe. Erinnerungen an meine Fahrten zur Plantage des Konzentrationslagers Dachau von Mai 1944 bis April 1945. St. Ottilien: EOS, 11. Auflage 2008: S. 75.
Obst- und Gartenbauverlag, München: S.116 o., S. 117 o. l., S. 117 u. l., S. 125.
Reister, Heinrich: Kirchenrat Albrecht Eyring. Mensch und Werk. Festschrift zur Gedächtnisfeier 1950 in Herrnberchtheim. Herrnberchtheim 1950: S. 86.
Staatsarchiv München: S. 65.
Festschrift zum 150 jährigen Bestehen der Staatl. Lehr- und Forschungsanstalt für Gartenbau in Weihenstephan. Bayerischer Landwirtschaftsverlag. München 1954: S. 98 u.
Trenkle, Rudolf: Obstbau-Lehrbuch. 2 Bde. Wiesbaden: Bechtold 1935: S. 99, S. 100 o.
Treutter, Dieter/Walter Feucht/Günther Liebster: 40 Jahre Wissenschaft für den Obstbau in Weihenstephan. München: Obst- und Gartenbauverlag 1993: S. 104, S. 105 o, S. 106 l.
TUM.Archiv: S. 73, S. 94, S. 103, S.107, S. 109, S. 113, S. 114 und alle Obstbilder Korbinian Aigners
TUM.Archiv/Aigner-Sammlung: S. 11 r., S. 22, S. 23, S. 27, S. 60, S. 89 r., S. 93.
Ulrich, Karl: Leitfaden für den Unterricht im Obstbau. Bautzen: Hübner 1918: S. 37 l.
Wegweiser im Obst- und Gartenbau 1908: S. 41.
Wegweiser im Obst- und Gartenbau 1928: S. 32 u. l.
Wegweiser im Obst- und Gartenbau 1930: S. 29 o., S. 31, S. 37 r., S. 38.
Unser Wegweiser im Obstbau – Garten – Kleintierhof 1946: S. 87.
Foto Studio Werkmeister Freising/Max Werkmeister: Umschlagfoto Aigner, S. 96.
wikicommons S. 28, S. 52, S. 54, S. 62 r., S. 122, S. 121 o. l., 121 o. r., S. 121 u. l., S. 122.
wikipedia: S. 20 l. u., S. 101 l.

Ungedruckte Quellen

a) Archivmaterial

AEM Archiv des Erzbistums München und Freising
- Personalakte Korbinian Aigner: PA-P III10

BayHStA Bayerisches Hauptstaatsarchiv
- Entschädigungsakten Korbinian Aigner: MK 37077; LEA 94
- Verdienstorden: StK Bay VO 1147

StA Staatsarchiv München
- JVA München 9105
- Akten des Sondergerichts/Staatsanwaltschaften 9786

TUM.Archiv
- Personalakte Günther Liebster

b) Zeitzeugengespräche

Anton Bauer jr., Jarzt (19. Juli 2016)
Dipl. Gärtner Elmar Christ, Freising (20. Juli 2016)
Elisabeth Hörl, geb. Hörger, Hohenbercha (7. Juni 2016; 27. Juni 2016)
Dr. Helmut Hörger, Gräfelfing (7. Juni 2016; 27. Juni 2016)
Irmgard Kirmair, geb. Huber, Erding (19. Juli 2016)
Dipl. Ing. Anton J. Kränzle, Ministerialrat a.D., Kaarst (5. Oktober 2015; 18. Mai 2016)

Literaturverzeichnis

Aigner, Korbinian: Birnensorten. Esslingen/München: Graser [ca. 1952].

- Jugend und Obstbau. In: Der Wegweiser im Obst- und Gartenbau 33 (1925), S. 174f.
- Klerus und Obstbau. In: Klerusblatt. Organ der Diözesan-Priestervereine 26 (1947), 15. Dez. 1947, S. 64.
- Zum Geleit! In: Unser Wegweiser im Obstbau – Garten – Kleintierhof 1 (1946), S. 2.

Albrecht, Dieter: Von der Reichsgründung bis zum Ende des Ersten Weltkrieges. In: Handbuch der bayerischen Geschichte. Bd. 4: Das neue Bayern. Von 1800 bis zur Gegenwart. Teilbd. 1: Staat und Politik. Begr. v. Max Spindler. Neu hg. v. Alois Schmid. München: Beck, 2., völlig neu bearb. 2003, S. 319-438.

An jeden Raum pflanz' einen Baum. In: Klerusblatt. Organ der Diözesan-Priestervereine 26 (1947), 15. Dez. 1947, S. 55f.

Anzelewsky, Fedja: Dürer. Werk und Wirkung. Erlangen: Müller 1988.

Der „Apfelpfarrer“ Korbinian Aigner. Die Galerie im Münchener Rathaus zeigte das Lebenswerk dieses „Pomologen“ und ehemaligen Präfekten in Scheyern (1912/16). In: Der Scheyrer Turm 49 (1992), S. 15-16.

Arnold, Georg: Mack, Imma. In: Biographisch-Bibliographisches Kirchenlexikon. Bd. 29. Nordhausen: Bautz 2008, Sp. 887–889.

Bänninger, Alex/Verena Füllemann/Markus Füllemann: Faites vos pommes! Eine Art Kulturgeschichte des Apfels. Bern: Benteli 1997.

Bauer, Josef Martin: Der Apfelpfarrer (Bayerischer Rundfunk, Aufnahme v. 18.3.1965).

Beck, Wolfgang, Die unerkannte Avantgarde im Pfarrhaus. Zur Wahrnehmung eines abduktiven Lernortes kirchlicher Pastoralgemeinschaft. Berlin [u.a.]: Lit, 2008 (Werkstatt Theologie 12).

Berger, Alfons: Chronik Hohenbercha. Hg. v. der Gemeinde Kranzberg. Kranzberg 2012.

Bidlingmaier, Maria: Die Bäuerin in zwei Gemeinden Württembergs. Berlin/Stuttgart/Leipzig: Kohlhammer 1918 (staatsrechtswiss. Diss. Tübingen 1918).

Böge, Stefanie: Äpfel. Vom Paradies bis zur Verführung im Supermarkt. Dortmund: Dortmunder Vertrieb für Bau- und Planungsliteratur 2003.

Brenner, Peter J.: „Catholica non leguntur“. Die Literatur im Spannungsverhältnis von Kirche und Wirklichkeit im frühen 20. Jahrhundert. In: Literaturwissenschaftliches Jahrbuch der Görres-Gesellschaft 48 (2007), S. 287-318.

- Der fremde Gast. Korbinian Aigner – Landpfarrer, Obstbildermaler und KZ-Häftling. in: Universitas 71 (2016), S. 50-65.

Burchardt, Uli: Ausgegeizt. Wertvoll ist besser – Das Manufactum-Prinzip. Frankfurt/New York: Campus 2012.

Chaussy, Ulrich: Poesie der Landwirtschaft. Das Leben des Apfelpfarrers Korbinian Aigner. Bayerischer Rundfunk (Sendung 15.5.1994).

Cordes, Gesche/Christian Mürner: Äpfel. Anleitung zum Umgang mit einer Delikatesse. Hamburg: Europäische Verlagsanstalt 2002.

Degenbeck, Martin: Zur Situation der Streuobstbestände in Bayern. Zustand – Probleme – Handlungsbedarf. Veitshöchheimer Berichte aus der Landespflege. Heft 79, 2004, S. 8-14.

dOCUMENTA(13). Das Begleitbuch. The Guidebook. Katalog/Catalogue 3/3.

Ebert: Landwirtschaftsminister Dr. R. W. Darré. In: Der Wegweiser im Obst- und Gartenbau 41 (1933), S. 105.

Egenolf, Joseph: Das K. Luitpold-Gymnasium 1887-1912. Nebst einer Geschichte des Anstaltsgebäudes. München: Lindl 1912.

Elsner, Gina: Heilkräuter: „Volksernährung", Menschenversuche. Ernst Günther Schenck (1904-1998). Eine deutsche Arztkarriere. Hamburg: VSA 2010.

Evans, Richard J.: Das Dritte Reich. Diktatur. München: dtv 2010.

Fingerlos, Matthäus: Wozu sind Geistliche da? Zweytes Bändchen. Salzburg: Mayr 1800.

Forstner, Thomas: Priester in Zeiten des Umbruchs. Identität und Lebenswelt des katholischen Pfarrklerus in Oberbayern 1918 bis 1945. Göttingen: Vandenhoeck & Ruprecht 2014.

Gatz, Erwin: Priesterausbildungsstätten der deutschsprachigen Länder zwischen Aufklärung und zweitem Vatikanischem Konzil. Mit Weihestatistiken der deutschsprachigen Diözesen. Rom: Herder 1994 (Römische Quartalschrift für christliche Altertumskunde und Kirchengeschichte: Supplementheft 49).

- Zur Kultur des priesterlichen Alltags. In: Geschichte des kirchlichen Lebens in den deutschsprachigen Ländern seit dem Ende des 18. Jahrhunderts. Die katholische Kirche. Bd. IV: Der Diözesanklerus. Hg. v. Erwin Gatz. Freiburg/Basel/Wien: Herder 1995, S. 282-318.

Die Geistlichen in Dachau sowie in anderen Konzentrationslagern und Gefängnissen. Nachlaß von Pfarrer Emil Thoma. Hg. u. erw. von Eugen Weiler. Bd. 1. Mödling: Missionsdr. St. Gabriel 1971.

Giesler, Hermann: Ein anderer Hitler. Bericht seines Architekten. Erlebnisse, Gespräche, Reflexionen. Leoni: Druffel, 6. Aufl. 1982.

Göb-Paunić, Erna: Der Verband und seine Vorsitzenden 1894-1984. München: Bayerischer Landesverband für Gartenbau und Landespflege e.V. 1984.

Goethe, Johann Wolfgang von: Einfache Nachahmung der Natur, Manier, Stil. In: Ders.: Berliner Ausgabe. Bd. 19. Berlin/Weimar: Aufbau, 2. Aufl. 1985, S. 77-82.

Görtemaker, Manfred: Geschichte der Bundesrepublik Deutschland. Von der Gründung bis zur Gegenwart. München: Beck 1999.

Götz von Olenhusen, Irmtraud: Die Ultramontanisierung des Klerus. Das Beispiel der Erzdiözese Freiburg. In: Deutscher Katholizismus im Umbruch zur Moderne. Hg. v. Wilfried Loth. Stuttgart/Berlin/Köln 1991, S. 46-75.

Götz, Eduard: 90 Jahre Obst und Gartenbauverein Hohenpolding. 1908-1998. Hohenpolding 1998.

Gruber, Hubert: Katholische Kirche und Nationalsozialismus 1930-1945. Ein Bericht in Quellen. Paderborn: Schöningh 2006.

H. H. Pfarrer Korbinian Aigner † [Nachruf]. In: Praktischer Gartenratgeber 11, 1966, S. 255.

Hacke, Jens: Philosophie der Bürgerlichkeit. Die liberalkonservative Begründung der Bundesrepublik. Göttingen: Vandenhoeck & Ruprecht 2006.

Hammermann, Gabriele: Vergessen – verfallen – überbaut. Der Umgang mit dem ehemaligen „Kräutergarten" des KZ Dachau und Überlegungen für eine Nutzung durch die KZ-Gedenkstätte. In: Sanierung, Rekonstruktion, Neugestaltung. Zum Umgang mit historischen Bauten in Gedenkstätten. Hg. v. Gabriele Hammermann/Dirk A. Riedel. Göttingen: Wallstein 2014, S. 19-31.

Haus-Ordnung für die studierende Jugend des Erzbischöfl. Knabenseminars Freising. Freising 1930.

Hehl, Ulrich von: Priester unter Hitlers Terror. Eine biographische und statistische Erhebung. Mainz: Matthias Grünewald 1985 (Veröffentlichungen der Kommission für Zeitgeschichte A 37).

Herbert, Ulrich: Geschichte Deutschlands im 20. Jahrhundert. München: Beck 2014.

Hesse, Hermann: Unterm Rad. Frankfurt a.M.: Suhrkamp 1970.

Hördler, Stefan: Ordnung und Inferno. Das KZ-System im letzten Kriegsjahr. Göttingen: Wallstein 2015.

Huber, Erhard: Erinnerungen. Dietramszell: [Selbstverl.], 3. Aufl. 1990.

Hücking, Renate/Kej Hielscher: Oasen der Sehnsucht. Von Gärten im Verborgenen. München: Piper 2004.

100 Jahre Erzbischöfliches Klerikalseminar Freising 1826/1926. O.O. [Freising], o.J. [1926].

Hürten, Heinz: Die katholische Kirche seit 1800. In: Handbuch der bayerischen Geschichte. Bd. 4: Das neue Bayern. Von 1800 bis zur Gegenwart. Teilbd. 2: Die innere und kulturelle Entwicklung. Begr. v. Max Spindler. Neu hg. v. Alois Schmid. München: Beck, 2., völlig neu bearb. 2007, S. 300-330.

Inkamp, Wilhelm: Die katholische Theologie in Bayern von der Jahrhundertwende bis zum Ende des Zweiten Weltkrieges. Handbuch der bayerischen Kirchengeschichte. Bd. 3: Vom Reichsdeputationshauptschluß bis zum Zweiten Vatikanischen Konzil. Hg. v. Walter Brandmüller. St. Ottilien: EOS 1991, S. 539-651.

Jacobeit, Wolfgang/Christoph Kopke: Die Biologisch-dynamische Wirtschaftsweise im KZ. Die Güter der „Deutschen Versuchsanstalt für Ernährung und Verpflegung“ der SS von 1939 bis 1945. Berlin: Trafo-Verl. Weist 1999 (Gesellschaft - Geschichte - Gegenwart 13).

Jarausch, Konrad: Deutsche Studenten 1800-1970. Frankfurt a.M.: Suhrkamp 1984.

Kershaw, Ian: Hitler 1936-1945. Stuttgart: DVA 2000.

Kittel, Manfred: Konfessioneller Konflikt und politische Kultur in der Weimarer Republik. In: Konfessionen im Konflikt. Deutschland zwischen 1800 und 1970: Ein zweites konfessionelles Zeitalter. Hg. von Olaf Blaschke. Göttingen: Vandenhoeck & Ruprecht 2002, S. 243-297.

Kliegel: Der Obst= und Gartenbau im nationalsozialistischen Staat. In: Der Wegweiser im Obst- und Gartenbau 41 (1933), S. 166.

Klot, Julia von: Die Frucht in Malerei und Graphik von der Antike bis zur Gegenwart. In: Am Anfang war der Apfel. Die Frucht in Malerei und Graphik des 20. Jahrhunderts. Heidelberg: Ed. Braus 2003, S. 13-44.

Knoll, August Maria: Glaube zwischen Herrschaftsordnung und Heilserwartung. Studien zur politischen Theologie und Religionssoziologie. Wien/Köln/Weimar: Böhlau 1996.

Konzentrationslager Dachau 1933 bis 1945. Text- und Bilddokumente zur Ausstellung. Hg. v. Ludwig Eiber/Manfred Treml/Claus Grimm. Dachau: Comité Internationale de Dachau 2005.

Kossert, Andreas: Kalte Heimat. Die Geschichte der deutschen Vertriebenen nach 1945. München: Pantheon, 3. Aufl. 2009.

Landwehr, Jürgen: Einblicke – Ausblicke. Ein Nachwort in kulturwissenschaftlicher Absicht. In: Natur hinter Glas. Zur Kulturgeschichte von Orangerien und Gewächshäusern. Beiträge zur Jahrestagung des Gamburger Forums für Kulturforschung im Kloster Bronnbach September 2002. Hg. v. Jürgen Landwehr. St. Ingbert: Röhrig 2003, S. 221-234.

Die Landwirtschaft in Bayern. Denkschrift nach amtlichen Quellen bearbeitet. München: Oldenbourg 1890.

Die Landwirtschaft in Bayern. Denkschrift zur Feier des 50jährigen Bestandes des Landwirthschaftlichen Vereins in Bayern. München: Pössenbacher 1860.

Lanzinger, Wolfgang: Der Apfelpfarrer. Priester und Pomologe aus Passion. In: 1200 Jahre Eibach: 808-2008. Ein Blick zurück. Menschen, Ereignisse, Entwicklungen. Eibach 2008, S. 220-221.

Laube, Volker: Bischöfliche Knabenseminare, in: Historisches Lexikon Bayerns. URL: <http://www.historisches-lexikon-bayerns.de/Lexikon/Bischöfliche Knabenseminare> (15.05.2016).

Lechtreck, Hans-Jürgen: Die Äpfel der Hesperiden werden Wirtschaftsobst. Botanische Illustration und Pomologie im 18. und frühen 19. Jahrhundert. München/Berlin: Deutscher Kunstverlag 2000.

Liebster, Günther: Der deutsche Obstbau seit dem 18. Jahrhundert. In: Geschichte des deutschen Gartenbaues. Hg. v. Günther Franz. Stuttgart: Ulmer 1984 (Deutsche Agrargeschichte Bd. 6), S. 143-205.

Warenkunde Obst und Gemüse. Bd. 1: Obst. Düsseldorf: Morion 1988.

Lindner, Martin: Wie behandle ich Obstkunden? In: Deutsche Obstbauzeitung. 54. Jahrgang der Pomologischen Monatshefte (1908), S. 367-370.

Lott, Kirsten: Der historische Obstbau in Deutschland zwischen 1850 und 1910. Geschichte. Dokumentation. Aussagen für den aktuellen Streuobstbau. 3 Bde. Berlin: Univ. Diss. 1993.

Lowe, Keith: Der wilde Kontinent. Europa in den Jahren der Anarchie 1943-1950. Stuttgart: Klett-Cotta 2014.

Mack, Josefa Maria Imma: Warum ich Azaleen liebe. Erinnerungen an meine Fahrten zur Plantage des Konzentrationslagers Dachau von Mai 1944 bis April 1945. St. Ottilien: EOS, 11. Auflage 2008.

Marquart, Heinz: Matthäus Fingerlos (1748-1817). Leben und Wirken eines Pastoraltheologen und Seminarregenten in der Aufklärungszeit. Göttingen: Vandenhoeck & Ruprecht 1977 (Studien zur Theologie und Geistesgeschichte des 19. Jahrhunderts 22).

Mörike, Eduard: Mozart auf der Reise nach Prag. In: Ders.: Sämtliche Werke. Bd. 3. O.O.: Mundus 1999, S. 167-214.

Müller, Rainer A.: München und Freising: 3. Lyzeum, Philosophisch-Theologische Hochschule Freising. In: Priesterausbildungsstätten der deutschsprachigen Länder zwischen Aufklärung und Zweitem Vatikanischem Konzil. Mit Weihestatistiken der deutschsprachigen Diözesen. Hg. v. Erwin Gatz. Rom/Freiburg/Wien: Herder 1994 (Römische Quartalschrift für christliche Altertumskunde und Kirchengeschichte. Supplementheft 49), S. 151-156.

Niedermayer, Hans: Hans Zehetmair. In: Von nichts kommt nichts. Porträts ehemaliger Schüler des Freisinger Dom-Gymnasiums. Hg. v. Hans Niedermayer. Freising: Frisinga 1991, S. 226-231.

- Der Apfelpfarrer Korbinian Aigner: Dom-Gymnasiast, Seelsorger, Pomologe, KZ-Häftling. In: Jahresbericht (Dom-Gymnasium Freising) 1996/97, S. 8–30.

- Vorwort. In: Von nichts kommt nichts. Porträts ehemaliger Schüler des Freisinger Dom-Gymnasiums. Hg. v. Hans Niedermayer. Freising: Frisinga 1991, S. 9-11.

Nipperdey, Thomas: Deutsche Geschichte 1866-1918. Bd. I: Arbeitswelt und Bürgergeist. München: Beck, 3., durchges. Aufl. 1993.

Nissen, Claus: Die botanische Buchillustration. Ihre Geschichte und Bibliographie. Bd. 1. Stuttgart: Hiersemann 1959.

Ohorn, Falk: „Ich wollte kein stummer Hund sein". In: Süddeutsche Zeitung (Freising) v. 28.12.1992.

- „Den Gefallen tu ich euch nicht, in Preußen zu sterben". In: Süddeutsche Zeitung (Freising) v. 30.12.1992.
- „Es braucht niemand um mich besorgt zu sein". III. und letzter Teil. In: Süddeutsche Zeitung (Freising), Silvester 1992/Neujahr 1993.

Pabst, Martin: Technische Universität München. Die Geschichte eines Wissenschaftsunternehmens. Hg. v. Wolfgang A. Herrmann. Berlin: Metropol 2006.

Paulsen, Friedrich: Aus meinem Leben. Jugenderinnerungen. Jena: Diederichs 1909.

Pfeffer aus Dachau. In: Der Spiegel vom 25.12.1963, S. 30f.

Pfister, Peter (Hg.): Das Ende des Zweiten Weltkriegs im Erzbistum München und Freising. Die Kriegs- und Einmarschberichte im Archiv des Erzbistums München und Freising. Regensburg: Schnell + Steiner 2005 (Schriften des Archivs des Erzbistums München und Freising 8).

Pies, Otto: Vom Todesmarsch weggeholt. In: Die Geistlichen in Dachau sowie in anderen Konzentrationslagern und Gefängnissen. Nachlaß von Pfarrer Emil Thoma. Erw. u. hg. von Eugen Weiler. Bd. 1. Mödling: Missionsdr. St. Gabriel 1971, S. 1067-1069. Mainz: Matthias-Grünewald-Verl. 1985 (Kommission für Zeitgeschichte: [Veröffentlichungen der Kommission für Zeitgeschichte/A] 37).

Punkes, Joseph: Freisings höhere Lehranstalten zur Heranbildung von Geistlichen in der nachtridentinischen Zeit, Programm 1884/85. Freising: Datterer 1885.

Radler, Rudolf (Hg.): Die deutschsprachige Sachliteratur III. Kindlers Literaturgeschichte der Gegenwart. Bd. 11. Frankfurt a.M.: Fischer 1980.

Raem, Heinz Albert: Der Diözesanklerus in der Auseinandersetzung mit den totalitären Regimen. In: Geschichte des kirchlichen Lebens in den deutschsprachigen Ländern seit dem Ende des 18. Jahrhunderts. Die katholische Kirche. Bd. IV: Der Diözesanklerus. Hg. v. Erwin Gatz. Freiburg/Basel/Wien: Herder 1995, S. 168-186.

Ratzinger, Kardinal Joseph: Aus meinem Leben. Erinnerungen (1927-1977). München: DVA 1998.

Reglein, Gudrun: „Keine einzige schöne Erinnerung". In: Süddeutsche Zeitung v. 23.7.2015.

Reichsführer! Briefe von und an Himmler. Hg. v. Helmut Heiber. München: dtv 1970.

Reister, Heinrich: Kirchenrat Albrecht Eyring. Mensch und Werk. Festschrift zur Gedächtnisfeier 1950 in Herrnberchtheim. Herrnberchtheim 1950.

Riedel, Dirk: Einleitung. In: Sanierung, Rekonstruktion, Neugestaltung. Zum Umgang mit historischen Bauten in Gedenkstätten. Hg. v. Gabriele Hammermann/Dirk A. Riedel. Göttingen: Wallstein 2014, S. 7-17.

Ritter, Joachim: Landschaft. Zur Funktion des Ästhetischen in der modernen Gesellschaft. In: Ders.: Subjektivität. Sechs Aufsätze. Frankfurt a.M.: Suhrkamp, 2. Aufl. 1980, S. 141-163.

Rolff, Johann-Heinrich: Sortennamen und Synonyme. Bd. 1: Der Apfel. Über 4000 alte und neue Sortennamen, über 4000 Synonyme, Doppelnamen und ausländische Namen, über 700 Namen von Mutanten. Kiefersfelden: Selbstverl. Rolff [2001].

Rosegger, Peter: Waldheimat. Erzählungen aus der Jugendzeit, Zweiter Band: Der Guckinsleben. München: Nymphenburger 1989, S. 297-631.

Schalm, Sabine: Liebhof. In: Der Ort des Terrors. Geschichte der nationalsozialistischen Konzentrationslager. Band 2: Frühe Lager. Dachau. Emslandlager. Hg. v. Wolfgang Benz/Barbara Distel. München: Beck 2005, S. 384f.

Schematismus der Geistlichkeit des Erzbistums München und Freising für das Jahr 1927 mit einer Chronik des Jahres 1926. München: Hübschmann 1926.

Schenda, Rudolf: Volk ohne Buch. Studien zur Sozialgeschichte der populären Lesestoffe 1770-1910. München: dtv 1977.

Schmid, Alois: Weltklerus und Landwirtschaft. In: Geschichte des kirchlichen Lebens in den deutschsprachigen Ländern seit dem Ende des 18. Jahrhunderts. Die katholische Kirche. Bd. IV: Der Diözesanklerus. Hg. v. Erwin Gatz. Freiburg/Basel/Wien: Herder 1995, S. 319-345.

Schröder, Ingo: Die staatlichen philosophisch-theologischen Hochschulen in Bayern von 1923 bis 1978. Phil. Diss. LMU München 2004.

Schuberth, Fritz: Anordnung betr. Gleichschaltung. In: Der Wegweiser im Obst- und Gartenbau 41 (1933), S. 132.

Lieber Leser! In: Der Wegweiser im Obst und Gartenbau 41 (1933), S. 169.

Schwab, Petra: Der Apfelmaler. In: Süddeutsche Zeitung Magazin v. 1.10.1998, S. 56.

Seidl, Daniella: „Zwischen Himmel und Hölle“. Das Kommando „Plantage“ des Konzentrationslagers Dachau. München: Utz 2008.

Thoma, Ludwig: Jozef Filsers Briefwexel. München: dtv, 10. Aufl. 1974 (zuerst 1912).

Trenkle, Rudolf: Bayerische Obstsortenliste. Im Auftrag des Bayer. Landesverbandes für Obst- u. Gartenbau zusammengestellt von [Rud.] Trenkle. Nürnberg: Bayerischer Landesverband für Obst- und Gartenbau 1931.

- Ein Beitrag zur Frage des Obstabsatzes unter besonderer Berücksichtigung des Frühobsthandels. In: Deutsche Obstbauzeitung, 54. Jahrgang der Pomologischen Monatshefte (1908), S. 346-351.

- Obstbau-Lehrbuch. 2 Bde. Wiesbaden: Bechtold 1935.

Treutter, Dieter/Walter Feucht/Günther Liebster: 40 Jahre Wissenschaft für den Obstbau in Weihenstephan. München: Obst- und Gartenbauverlag 1993.

Ulrich, Karl: Leitfaden für den Unterricht im Obstbau. Bearbeitet für Landwirtschaftliche Schulen, niedere Gartenbauschulen, Baumwärterkurse, Lehrerseminare und für den Selbstunterricht. Bautzen: Hübner 1918.

Voss, Julia: Vorwort. In: Korbinian Aigner: Äpfel und Birnen. Das Gesamtwerk. Mit einem Vorwort von Julia Voss. Berlin: Matthes & Seitz 2013 (Naturkunden 4), S. 5-21.

- Der zu den Äpfeln predigte. In: Frankfurter Allgemeine Zeitung v. 17. 7. 2013, S. 29.

[Votteler, Willi:] Apfelsorten als Kulturerbe. Nach einem Vortrag von W. Votteler, gehalten auf einer Veranstaltung der Bayerischen Naturschutzakademie. In: Der praktische Gartenratgeber 1997, Heft 1, S. 12-17.

Votteler, Willi: Die Freude am Pflanzen von Bäumen. Eine Einführung in die Apfelsortenkunde. In: Äpfel & Birnen. Gesehen und gemalt von Korbinian Aigner. München: Spangenberg 1993, S. 5-7.

- Die Sortendarstellungen, ein Lebenswerk Pfarrer Aigners. In: Ders.: Verzeichnis der Apfel- und Birnensorten. 755 Farbbilder. 1360 Sortenbeschreibungen. 3340 Doppelnamen. München: Obst- und Gartenbauverlag 1986, S. 7-10.

Der Wanderunterricht für Obstbau in Oberbayern. In: Pomologische Monatshefte, Neue Folge 15 (1898), S. 362f.

Wagner, Otto: Gewinnbringende Feinobstzucht. In: Deutsche Obstbauzeitung, 54. Jahrgang der Pomologischen Monatshefte (1908), S. 3-9.

Wehler, Hans Ulrich: Deutsche Gesellschaftsgeschichte. Bd. 3: Von der „Deutschen Doppelrevolution" bis zum Beginn des Ersten Weltkrieges1849-1914. München: Beck 1995.

Wieler, Arwed: Die Beschädigung der Vegetation durch saure Rauchgase. In: Deutsche Obstbauzeitung, 54. Jahrgang der Pomologischen Monatshefte (1908), S. 363-366.

Winkler, Willi: Früchte des Muts. In: Süddeutsche Zeitung v. 15./16. September 2012, S. V2/6.

Zirfas, Jörg: Vorwort: Der Apfel. Paradiesfrucht und Tafelobst. In: Apfel. Eine kulinarische Anthologie. Hg. v. Jörg Zirfas. Stuttgart: Reclam 2016, S. 9-11.